Foundation
and example

高等学校艺术设计传媒类丛书

TV Program Package ▶▶

电视栏目包装
实例教程

劳光辉　陈颢文　编著

中南大学出版社
www.csupress.com.cn

图书在版编目(CIP)数据

电视栏目包装实例教程/劳光辉,陈颢文编著.
—长沙:中南大学出版社,2013.9
ISBN 978 - 7 - 5487 - 0899 - 5

Ⅰ.电... Ⅱ.劳... Ⅲ.电视节目制作 Ⅳ.G222.3

中国版本图书馆 CIP 数据核字(2013)第 108962 号

电视栏目包装实例教程

劳光辉 陈颢文 编著

□责任编辑	谢贵良
□责任印制	易建国
□出版发行	中南大学出版社
	社址:长沙市麓山南路　　　　　　邮编:410083
	发行科电话:0731-88876770　　　传真:0731-88710482
□印　　装	湖南金太阳印刷有限公司

□开　　本	889×1194　1/16　□印张 11　□字数 344 千字		
□版　　次	2013 年 9 月第 1 版　　□2016 年 1 月第 2 次印刷		
□书　　号	ISBN 978 - 7 - 5487 - 0899 - 5		
□定　　价	60.00 元		

前 言 ‖‖‖‖‖‖‖‖‖‖‖‖‖‖‖‖‖‖‖‖

世界进入多媒体时代，电视不再是人们获取资讯、丰富生活的主要渠道。如何保持和提高电视栏目的收视率，留住观众，电视包装和栏目内容遭遇到前所未有的挑战。面临强大压力的电视制作人开始对包装提出更高的要求，不仅是大气、美观、有视觉冲击力，还必须要有个性，能够形成统一鲜明的频道特色。

随着电脑CG（Computer Graphics的缩写）技术的迅猛发展，电视节目后期包装制作也进入了一个快速发展的阶段。电脑硬件和软件的不断进步，为电视后期制作的人员的创作提供了一个更宽阔的展现才华的平台。

目前，中国的电视行业经过几十年的发展，已经由初级阶段进入到了今天的数字化、跨国界、多频道竞争的新传播时代。各家上星卫视台为了在竞争中求得生存和发展，煞费苦心，从节目改版到频道推广再到落地覆盖，所做的一切无不为了一个终极目标：使频道成为最好的产品，让更多的观众接受和认可。正因为电视产品的这种商业属性得到业内人士的共识，电视包装也越来越为人们所重视，经过几年来的努力，频道包装的基本行业格局已经形成。面对行业对人才的大量需求，电视包装产业已成为继动漫之后又一新的经济增长点。近几年电视台的频道改版由几年一次发展到每年一次，甚至一年多次的微调改版。行业对专项人才的就业需求日益增加，就业前景更加宽广。

整合电视包装现有的成果，我们编写了本书，目的是分享一线后期制作人员在多年工作中所积累的丰富工作经验和一线教师在教学中的实践经验，让初学者和更多的影视爱好者能较快地熟悉并进入影视后期包装制作的行业中。本书将电视台真实的包装制作案例融入其中，让读者不仅可以学到先进的包装合成技术，还能了解先进的创意制作流程。以真实制作的项目为依托，从实例出发对项目进行详细解读，不仅有详细的步骤，还将项目制作中的技术难点、注意事项、经验技巧完全展示给学生。通过对实例的剖析，启发学生的想象力，将基本工具融会贯通，提高学生对包装制作的理解以及Adobe After Effect制作软件的综合使用技巧。

本书由4个模块组成，内容包括电视包装的一些基本概念、软件的基本操作、动画关键帧的使用、滤镜组的综合使用、三维摄像机灯光的使用、抠像技术和色彩调整技术等电视包装后期制作的关键知识点，详细介绍了这些知识点在真实项目制作中的应用方法与技巧。除模块01之外，其余每个模块都分为两部分：第一部分为模拟制作任务，通过详细的实例操作过程介绍项目重点技术；第二部分为知识扩展点，从理论和经验的角度对模拟制作任务的知识点进行阐述并补充。

本书可作为应用型本科、高职高专院校数字艺术、影视包装、多媒体等相关专业AfterEffect课程的教材，也可供有意从事影视包装制作的人员自学使用，还可作为培训班的培训教材。本书主要针对有一定后期制作基础的学生，对刚进入影视包装制作行业的学生来说，案例分析中涉及了很多基础知识，所以也可供初学者参考使用。

本书由劳光辉、陈颖文、申剑飞、张去非编写，全书由劳光辉教授审稿。书中概念部分来自网络收集整理，版权归原作者所有；所有的案例项目都来自于媒体一线制作的真实作品（需要案例素材文件的，可与中南大学出版社联系）。在此感谢编导教研室各位同事给予的大力支持与帮助。

编者水平有限，书中难免出现疏漏之处，敬请广大读者批评指正。

目 录 ||||||||||||||||||||||||||||||||

模块4　电视栏目片头

模块1 电视栏目包装概述

1.1 何为电视栏目包装

电视包装目前已成为电视台和各电视节目公司、广告公司最常用的概念之一。说到包装，似乎都知道它的意思，但对电视包装的定义、对它的内涵和外延、对它的作用却很少有人做过更深入的研究和探讨。

包装，一般意义的包装是指对产品进行包装而言的。包装被拿过来用到电视上，是因为电视的包装和产品的包装有共同之处。其定义是对电视节目、栏目、频道甚至是电视台的整体形象进行一种外在形式要素的规范和强化。这些外在的形式要素包括声音（语言、音响、音乐、音效等）、图像（固定画面、活动画面、动画）、颜色等诸要素。

确切地说，电视栏目包装的全称应为"电视品牌形象设计与策划"，它包括视觉形象设计和电视媒体资深的品牌建设策略营销等方面，小到电视栏目品牌，大到电视频道品牌，甚至电视传媒集团的整体品牌，都是电视包装要解决的问题。

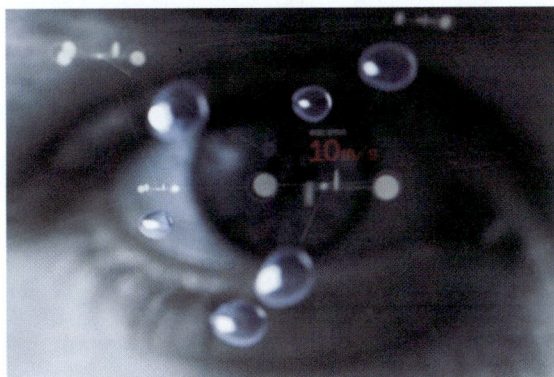

此外，随着计算机技术的发展，涌现出了一系列动画和后期合成软件，电视包装的制作途径大大增多。现在，电视包装设计师可以运用先进的图形图像软件对视频和图形进行编辑和设计，制作出绚丽多彩的视频效果。

1.1.1 电视包装的定义

何为电视包装呢？

按照国际广播联合会和国际电视宣传与营销联合会的定义，做如下解释：

■ 电视频道的整体包装：是指电视频道的全面包装设计，其中包括在播包装和离播包装两个部分。

■ 在播包装：是指电视节目当中对频道内容的包装。

■ 离播包装：是指电视媒体外的宣传，也可以看作是传统VI的非电视应用。

1.1.2　电视包装的作用

　　包装是电视媒体自身发展的需要，是电视节目、栏目、频道成熟稳定的一个标志。如今电视观众每天要面对的是几十个电视台和电视频道，有几十种类型的节目和栏目。各台、各频道、各栏目之间存在着非常激烈的竞争。观众既有主动的选择权，又有非常大的盲目性。在这种情况下，包装所起的作用是不言自明的。重视商品的包装和广告推荐是商家们的必要策略，电视节目、栏目、频道的包装应该和商品的发展有一定的相通之处。作为同时播出的几十个频道来说，电视观众选择了你，是你的成功；而没有选择你，你的一切辛苦和投入就等于零。要观众选择你的重要条件是了解你，包装则是了解你的最直接的手段。电视包装，如同其他产品的包装一样，其目的是为了让受众在享受美的同时了解电视产品和电视品牌。它虽然位于辅助地位，却不可或缺。

　　电视节目、栏目、频道的包装的作用基本有以下几点：

- 突出自己节目、栏目、频道个性特征和特点。
- 确立并增强观众对自己节目、栏目、频道的识别能力。
- 确立自己节目、栏目、频道的品牌地位。
- 使包装的形式和节目、栏目、频道融为有机的组成部分。

1.1.3　电视包装的误区

误区1：做电视包装就是做"片头"

　　"你是做什么工作的？""我是做片头的。"在亲朋好友的询问声中，电视包装从业者的回答很多时候都是"做片头的"，这是一种无奈之举。若说"做电视的"别人会问"你是做哪个牌子的电视"；若说"做电视包装的"，别人会问"电视包装是什么"。

　　和别人交流，说"做片头的"尚可理解，但是作为真正的电视包装从业者，依然认为自己是做片头的就很危险了。因为即使是一个最简单的节目的包装也会有片头、片尾、角标、版式和字幕条。更何况是频道的整体包装呢？

　　片头只是我们电视包装中的一小部分，片头无法承载频道的整体包装。

误区2：做电视包装就是做"栏包"

　　"栏包"这个词在业内并不陌生，甚至在一段时期代表了"电视包装"。"栏包"强调的是对栏目的包装。随着频道整体包装体系的发展与完善，"栏包"的时代已经终结，"整包"成为电视包装的主流。"电视包装"是"媒体形象包装"的一个分支。"媒体形象包装"是从媒体自身特点出发，运用"品牌塑造理论"对媒体进行品牌塑造的过程。

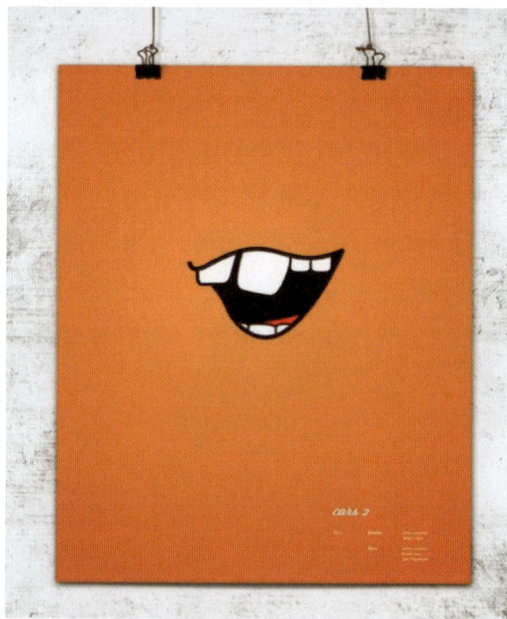

1.2 频道整体设计

频道的整体设计要从频道整体出发，建立并完善频道的ID、形象宣传、导视系统、广告语体系、字幕系统以及虚拟演播室等。打两个形象的比喻，好比盖楼房时先搭建好整体框架，或者是一个人的外表衣着。它是频道整体运行的一个基本保障。

1.2.1 电视频道ID

ID是英文单词Identification的缩写，意为身份证、标识符。电视频道ID是频道表明身份的宣传品，它是建立和维护频道品牌识别的重要手段。

频道ID作为频道整体包装中的重要组成部分，它的意义在于建立频道与观众之间的沟通，直接表达频道的立场诉求，直接表达频道风格理念。

频道ID的设计必须保持一个简洁明快的风格，这样才能在观众中形成一个明确的认识，它同时还向观众传递频道的风格、个性等，让观众留下更加深刻的印象。

标准的频道ID一般时间较短，约为5秒，而情节演绎型的ID则相对长一些，且长度不等。电视频道ID具有灵活的播出机制。它可以每隔半小时或者一小时在节目与节目之间播出，力求将频道的品牌信息在全天各个时段均匀覆盖，传递给观众一种品牌的整体感觉。

根据表达内容和功能的不同，电视频道ID可分为呼号型ID和情节演绎型ID两种类型。

❶ 台标呼号型ID片

电视频道的ID作为频道的身份证，其首要的功能便是告诉观众"我是什么频道"，由此就产生了台标呼号型ID片。

台标呼号片的长度一般都在5秒左右，它利用的频道信息元素包括频道标识、频道名称字标、频道主题音效，平且常常伴随着"您现在收看的是某某频道"等常见的形式。频道标识对建设电视频道形象识别、塑造频道品牌起着举足轻重的作用。因此，台标呼号片的创意制作常以频道标识为体现主体。

案例1   湖南卫视国际频道台标呼号部分截图

3

案例2

浙江卫视台标呼号片部分截图

案例3

河南卫视台标呼号片部分截图

❷情节演绎型ID片

电视频道的ID作为频道的标识符号，除了要向观众进行"身份介绍"，还需要传递一些其他的信息，如频道的自身风格、理念、内容、个性等。台标呼号片并不能够承载和表达这些信息，因此必须设计出第二种类型的频道ID，用情节演绎的方式进行表现。这种类型的ID片时长长短不一，一般情况下还是控制在15秒左右。

情节演绎型ID片能够很好地在较短的时间内明确宣告频道的个性风格，强化与其他频道之间的差异，是频道理念的一种有效表达方式。

情节演绎型ID片一般采取与频道主题相关的元素、色彩、画面、音乐及运动方式来呈现频道独特的内容、个性和审美标准。下面是一些案例截图。

案例1　　　　　　　　　　　　　　　　　　　　美国PBS情节演绎型ID部分截图

1.2.2 电视频道形象宣传片

电视频道形象宣传片是指以树立频道和品牌形象为目的，向观众表达频道倡导之理念、频道主张之风格、频道认同之价值观念等信息的广告推介片。

电视频道形象宣传片的长度一般在15秒到60秒不等，根据具体的情况来定。综合归纳，电视频道的形象宣传片主要有以下四种创作类型。

❶大气磅礴型

这种类型的电视频道形象宣传片在过去一段时间成为了各大频道形象片的主流。不少电视频道的形象宣传片多以"高、大、远"为基调，"立意要高"、力求达到"高山流水、大气磅礴"的效果，以此来表达频道的传媒姿态。事实上，在电视媒体市场化、多元化的今天，这种类型频道宣传片的有效性依然值得辩证思量。

案例1   中央电视台《相信品牌的力量》宣传片

案件1：中央电视台《相信品牌的力量》宣传片部分截图。它以水墨手法演绎从微观的群鱼戏水到现代摩登大厦，展现出频道独特的文化底蕴和强大的品牌实力。

案例2   中央电视台经济频道宣传片

案件2：中央电视台经济频道的宣传片部分截图。它以田野到都市的宏观视角，展现出各地不同生活风貌，以三维技术制作的红色小球寓意经济生活将人们的生活紧密连接在一起。

❷突显地域特色型

这种类型的电视频道形象宣传片时常以体现不同的地域个性特色为着力点。一般来说这种类型具有共同的特点是独具特色的自然风光和令人骄傲的历史文化遗产。

案例1   安徽卫视经视的频道形象宣传片

案件1：安徽卫视经视的频道形象宣传片部分截图。影片展现了黄山迎客松挺拔向上的姿态，同时又突出了安徽卫视经视频道热爱生活，勇攀高峰的信念。

案例2   河北卫视的频道形象宣传片

案件2：河北卫视的频道形象宣传片部分截图。长城作为河北精神的旗帜，在这里得到很好体现。

❸突显频道理念品格特性型

随着中国电视包装的不断向前发展，越来越多的频道走上了专业化发展道路，许多频道着力打造自己独特的"卖点"，纷纷树立自己的频道理念，喊出独有的口号，如北京卫视青少年频道的"由你领秀"，以及浙江卫视的"中国蓝"、湖南卫视的"快乐中国"等。

案例1　北京卫视青少年频道的频道形象宣传片

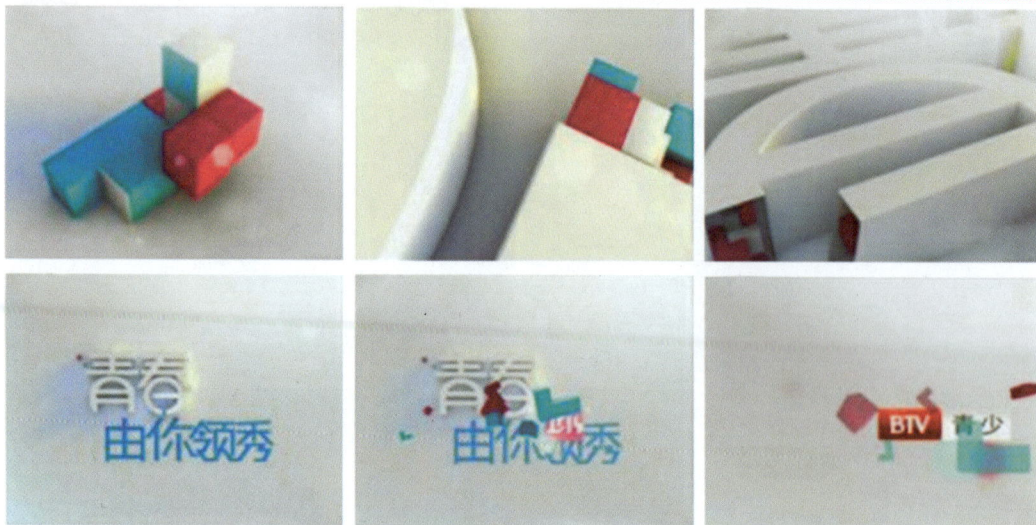

案件1：为北京卫视青少年频道推出的频道形象宣传片部分截图。这个宣传片围绕"青春"为核心理念，以三维技术展示了频道理念的演绎，很好地树立了频道的整体形象。

案例2　浙江卫视的频道形象宣传片

案件2：浙江卫视的频道形象宣传片部分截图。以"中国蓝"作为核心理念，主要注重实拍，并适当结合三维技术展示了浙江的场景画面，体现了浙江独有的人文情怀。

湖南卫视的频道形象宣传片

案件3：湖南卫视的频道形象宣传片部分截图。这个宣传片以"快乐中国"作为核心理念，主要注重实拍，并适当结合三维技术展示了都市人快乐生活的场景画面，很好地体现了频道形象。

❹代言人物塑造频道形象型

随着中国电视媒体不断向前发展，电视频道形象代言人从以频道的主持人为主，发展到现在代言人物的范围越来越广，并不局限于频道自身的主持人而是一些社会名人、演艺明星以及其他与频道有着紧密关联并具有影响力的人物。先来看一下以主持人为代言的这类频道形象宣传片。

主持人不仅是频道传递信息、情感的主要成分之一，更是频道与观众直接沟通的纽带。让主持人出现在频道宣传片中，可以给观众带来亲切感，在为频道宣传的同时又强化了主持人自身在观众中的印象，可以说是一举两得。随着电视媒体市场竞争加剧，目前兴起的代言人物方法，也就是我们上面提到的社会名人、演艺明星等，突破了以前单一的主持人形式。

案例1

中央电视台西班牙频道主持人宣传片

案例2

湖南卫视主持人宣传片

案例3　　　　　　　　　　　中央电视台电影频道代言人宣传片

1.2.3　频道导视系统

频道导视系统就如一本书的目录,它是观众及时地选择收看电视节目的指南。导视系统以发布具体的节目收视信息为手段,以提高频道和栏目的收视率为目的。导视系统在频道形象包装体系中占据着重要的地位,起着指导者的作用,它主要关注一个或者几个栏目的播出频道、播出时间、内容及收视率等信息的宣告与表达。

通常情况的导视系统一般分为节目预告板式、节目宣传片板式和广告板式等三种形式。

❶节目预告板式

节目预告板式,是为了最大程度上吸引观众群体,以提高频道自身的收视率。节目板式的主要功能是传递频道节目的播出时间、播出内容和播出的节目名称。节目预告板式的呈现形式有很多种。下图为常见节目预告板式。

案例1

湖南卫视国际频道节目预告板式

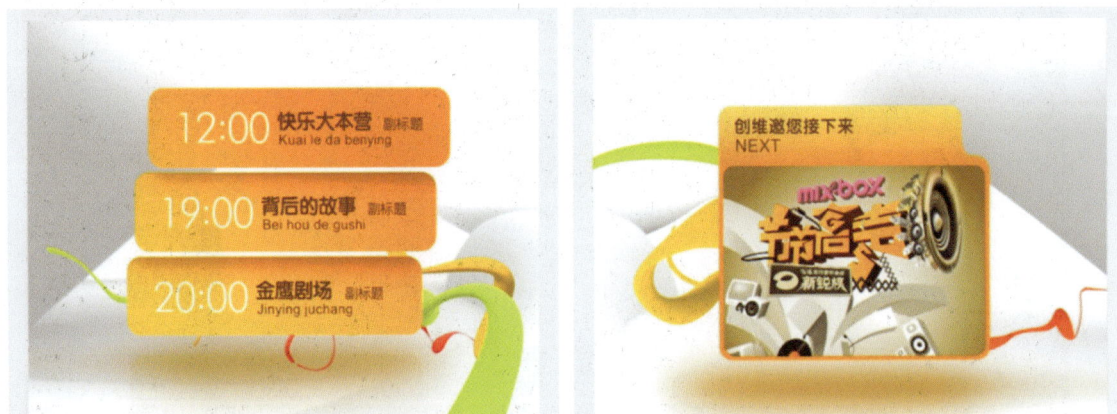

案例2

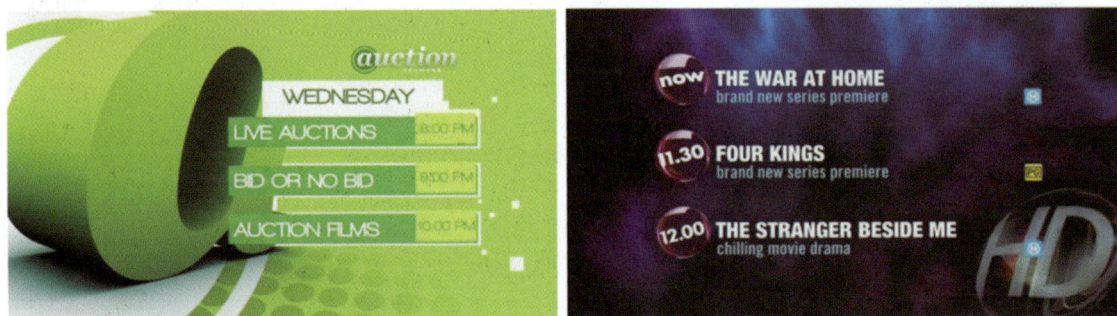

左图：为ACTION TV预告板式   右图：为NINE HDTV节目预告板式

❷节目宣传片板式

　　节目宣传片是通过一个高频率的播出预告片形式，激发观众的收看激情。节目宣传片板式的主要功能在于对频道即将播出或今后几日内播出的节目进行提前预告，给出播出节目的主要内容和时间等信息。

案例1

湖南卫视国际频道节目宣片板式

案例2　　　　　　　　　　　　　　　　　　青岛电视台青少年旅游频道节目宣传片板式

案例3　　　　　　　　　　　　　　　　　　天津文艺频道节目宣传片板式

❸ 广告板式

频道内的广告板式，是通过将节目进行广告商冠名的形式来设计完成的。它的表现形式是在画面中通过开窗口的形式来嵌入广告冠名商的相关图片，然后配以"本栏目由某某冠名播出"、"本栏目由某某特约播出"、"某某冠名商提示您接下来收看"等字幕和配音。如湖南卫视国际频道广告板式等。

案例1　　　　　　　　　　　　　　　　　　湖南卫视国际频道广告板式

1.2.4 频道广告语系统

　　电视频道广告语系统，是指在频道整体包装设计中，对用于推广宣传频道和栏目的广告语进行规范的创意和设计。

　　频道广告语系统能够有效地将抽象化的频道理念、栏目主旨等信息转变为具体的广告语言信息，这有点类似于前面所提到的频道呼号ID，当然频道的广告语系统，主要还是分为频道的广告语和栏目的广告语两个方向。

❶ 频道的广告语

　　频道的广告语也就是前面提过的频道ID，包括频道的呼号和宣传口号。从湖南卫视的"快乐中国"到旅游卫视的"魅力无敌 要你好看"，各大媒体都使出浑身解数，着力宣传着频道自身的风格理念。

案例1

左图：湖南卫视广告语　　　　　　　　　　　右图：湖南卫视国际频道广告语

案例2　　　　　　　　　　　　　　　　　　　　　　　　旅游卫视广告语

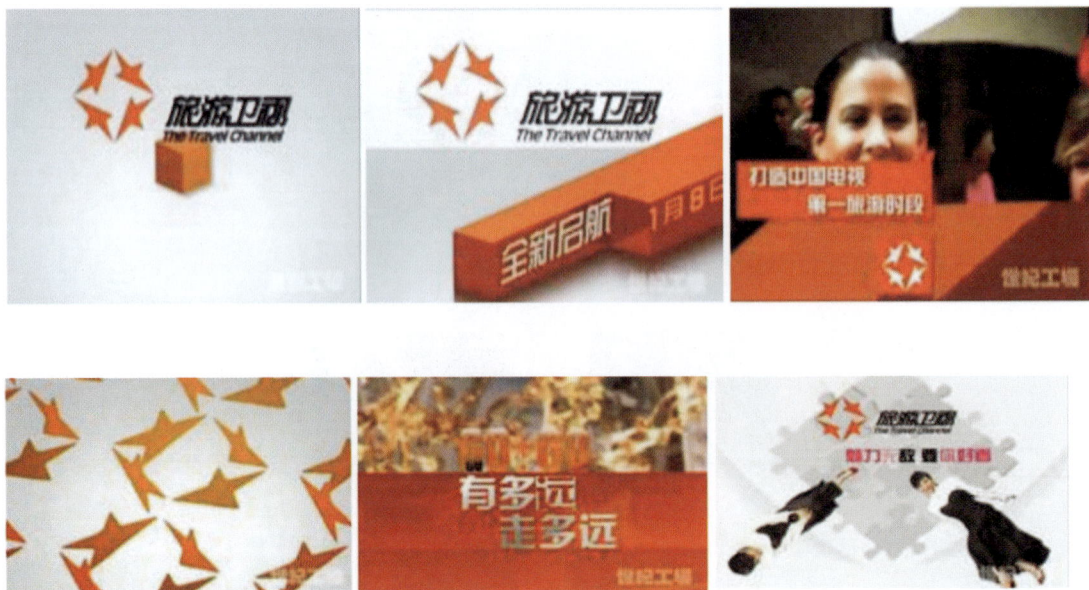

❷栏目的广告语

　　栏目作为频道理念的延续者，无可厚非也要具备自身的广告语，以此来传递该栏目的定位、风格、内容等信息。通过广告语还可以增强栏目自身片头和宣传片的表达功能，要起到不断强化栏目理念的目的。

案例1　　　　　　　　　　　　　　　　　　　　浙江卫视《中国好声音》广告语

案例2　　　　　　　　　　　　　　　　　　　　湖南卫视《快乐男声》广告语

1.2.5 频道字幕系统

字幕系统的主要目的是便于观众对于相关节目信息的接收和正确理解。因为电视频道有着众多不同类型的栏目和节目，字幕系统被广泛使用，为维护频道整体形象，字幕系统的统一设计和规范使用就显得特别重要。

字幕系统由文字和底板图两大部分组成，文字起到传递信息的作用，而底板图应力求以衬托文字为主要目的，同时在图形设计和色彩搭配等方面要与频道风格保持统一。

字幕系统的设计风格除了遵守必须保持与频道整体风格相统一的原则，还要做到简洁美观，在设计上更要充分利用平面构成的一些原则和技巧；在构图布局上，字幕版式一般位于屏幕两侧或下方，面积需根据实际情况决定。总的来说，它处于一个辅助画面信息的地位，不能占主导地位。

案例1   NEOX频道字幕系统

案例2   IBTV频道字幕系统

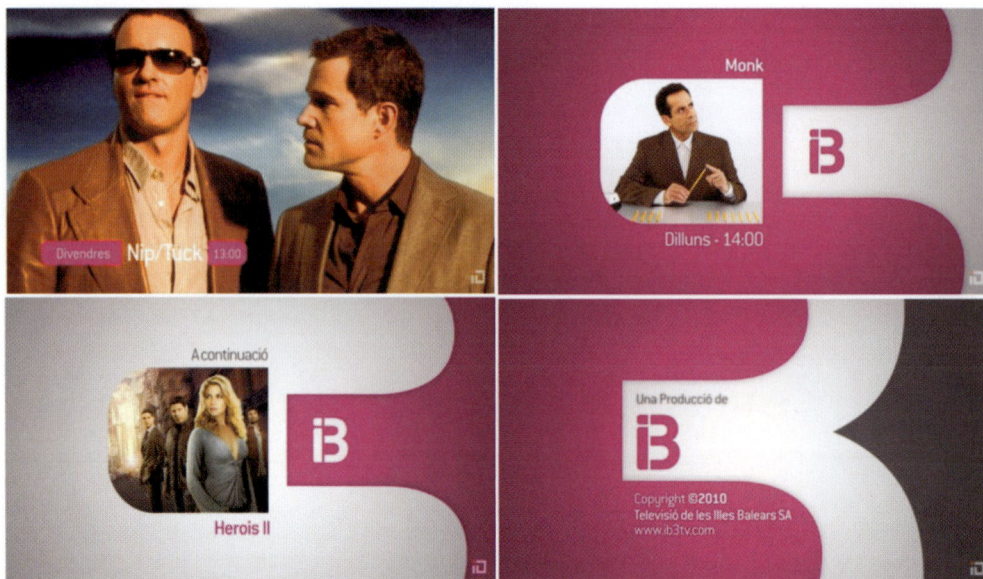

1.2.6　频道演播室设计

　　演播室的空间环境设计是频道和栏目视觉识别的一个重要构成重要元素。它在传统上属于节目包装的范畴，它的设计必须从属于电视频道的整体包装的定位，符合频道的特色和个性。从另一个方面来说，一个能够彰显节目内容和风格的演播室设计对树立频道的品牌形象具有一定作用。

　　演播室设计是综合了电影美术设计、舞台美术设计、展览美术设计及现代实用美术设计等，它是将构图、色彩、几何体进行优化组合，搭建成一个触动、感染观众的视觉空间。

　　在频道整体包设计中，又要根据频道的定位和风格来设计频道乃至频道内栏目的演播室，以体现频道和栏目自身个性。

案例1　　　　　　　　　　　　　　　　　　　中央电视台奥运频道演播室设计

案例2

左图：为《东方夜新闻》演播室设计　　　右图：为FOX电视台新闻栏目演播室设计

案例3

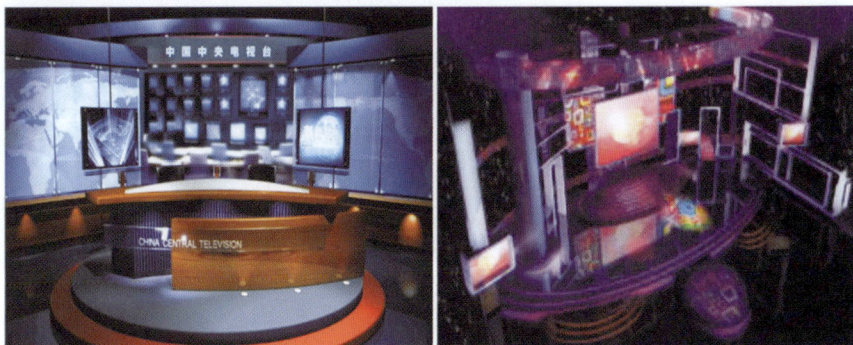

左图：中央电视台虚拟演播室设计图　　　右图：为娱栏目演播室虚拟设计图

1.3 栏目包装设计

栏目包装作为频道整体包装的重要组成部分，当然要与频道的整体风格统一，同时通过栏目自身的内容和风格强化频道风格，两者的关系是密不可分的。

栏目包装包括栏目的形象宣传片、片头、片花、片尾、角标、人名等字幕条及栏目字幕导视系统。

1.3.1 栏目形象宣传片

支撑频道品牌的关键是栏目，一个频道若没有几个品牌栏目，就不可能成为具有市场竞争力的电视频道。一个栏目如果要打造自身的栏目品牌，必须通过栏目形象宣传片将信息传递给观众，这个形象宣传片也就是栏目的"推介人"。

栏目的形象宣传片时长并不确定，有超过40秒的长片，也有几秒钟短小精悍的版本，时长短的版本更像是栏目的ID，当然它也是栏目形象宣传片的一种类型，以突出栏目理念为主。一个栏目形象片的前期推出，能让观众迅速对一个新栏目有初步的认识，并通过不断的"推介"，树立栏目的知名度和识别力。

案例1 　　　　　　　　　　　　　　　　　　《天天向上》宣传片分截图

1.3.2 栏目片头、片花和片尾

每个电视栏目都有它自身的片头。片头包含了该栏目所要表达的特色和内涵。片头演绎的过程就是栏目整体风格过程。片花作为在栏目时间段中间用到的个体，同样具有了片头的特性。它主要的作用是在一个栏目的节目时间段中起到过渡。此外，每个栏目的结尾，都会出现栏目制作人员的名单，这也就是我们通常所说的片尾，其风格应该与整个栏目的风格保持一致性。

❶ 栏目片头

栏目片头是栏目形象包装推广的延续，其重要功能在于向观众传递当前收看节目的名称。此外，栏目片头也是栏目定位、风格内容等直接的反应。

案例1

《中国梦想秀》部分截图

案例2

《华人1时间》片尾部分截图

案例3 　　　　　　　　　　　　　　《湖南省庆视建党九十周年文艺晚会》片尾部分截图

案例4 　　　　　　　　　　　　　　　　　　《汉语桥》片尾部分截图

❷栏目片花

栏目片花多为栏目的"浓缩剪辑"，时长通常在5秒以内，一般出现于栏目播放的间隙，主要以突出栏目名称为目的，起到控制栏目内容播放节奏等作用。

在新闻栏目、故事纪实、人物访谈等节目中，一般都可以根据节目主题线索的变化，分为许多段落和小主题。如在新闻栏目中，一般有国际新闻、国内新闻、时政新闻等，它们之间的间隙可以用片花来间隔；再例如人物访谈栏目中，节目编导可能根据被访者的成长经历、命运变幻来分出各个小主题段落等。

另外，片花是控制频道编排结构和商业广告播出的重要方法。有时，正在播放的节目会被广告中断，进入到广告时间，广告播完后如果立刻切回到节目画面会显得很不协调，常见的手法是广告结束后插入当前节目的片花，以此为承接再进入节目画面，这样既保证了频道整体播放的流畅性，又照顾了观众的收视习惯，还保证了广告赞助商的利益。

由于栏目片花多为栏目片头的"剪辑浓缩"，这里就不举例说明。

❸栏目片尾

栏目片尾一般以突出栏目制作人员、出品人等信息为主，同时也是栏目的版权宣告，但现在多数栏目会在片尾挂上广告赞助商的LOGO等标识，这也相当于将栏目片尾开发为可利用的广告资源卖给广告商，以实现栏目除节目以外的价值。

有些栏目片尾设计是在栏目内容快结束前的20~30秒，在屏幕下方以横向或在屏幕一侧以纵向的方式滚动进行展示，因为此时节目尚未完全结束，所以观众也不会马上换台，同时又保证了片尾字幕图片等内容的播出。当然，片尾的设计要趋于简洁，尽量不要影响观众的正常收视。

案例1　　　　　　　　　　　　　　　　　　　　　　湖南卫视《跨年演唱会》片尾部分截图

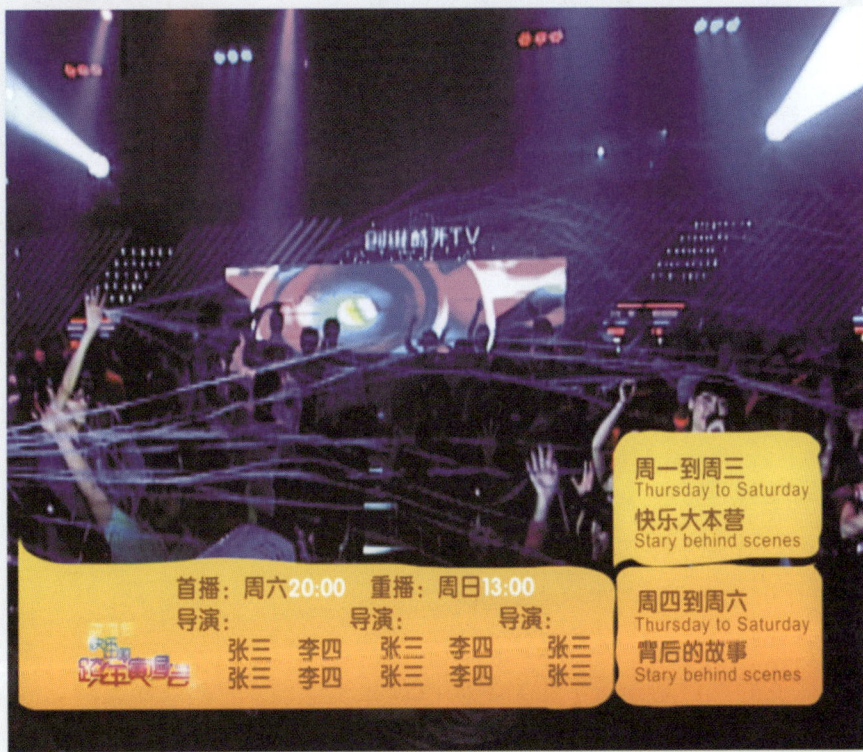

案例2 　　　　　　　　　　　　　　　　《中国好声音》片尾部分截图

案例3 　　　　　　　　　　　　　　　　《快乐大本营》片尾部分截图

1.3.3 栏目字幕导视系统

电视栏目除了片头、片花和片尾等框架和栏目形象宣传片的品牌强化之外，从节目内部来讲，还应该具备其自身的字幕系统，这包括了一些字幕的人名条、标题条、角标、转场、下一届预告版式、其他用于栏目特定字幕的板式等。

❶人名、标题等字幕条

人名、标题等字幕条的设计与频道字幕系统的设计相类似，总原则是在简洁美观的同时保持栏目风格即可。特别提醒，在设计此类字幕条时要做到更加细心，使其更为精致。

案例1
　　　　　　　　　　　　　　　　湖南卫视《快乐男声》主持人人名条、选手条及字幕条使用规范

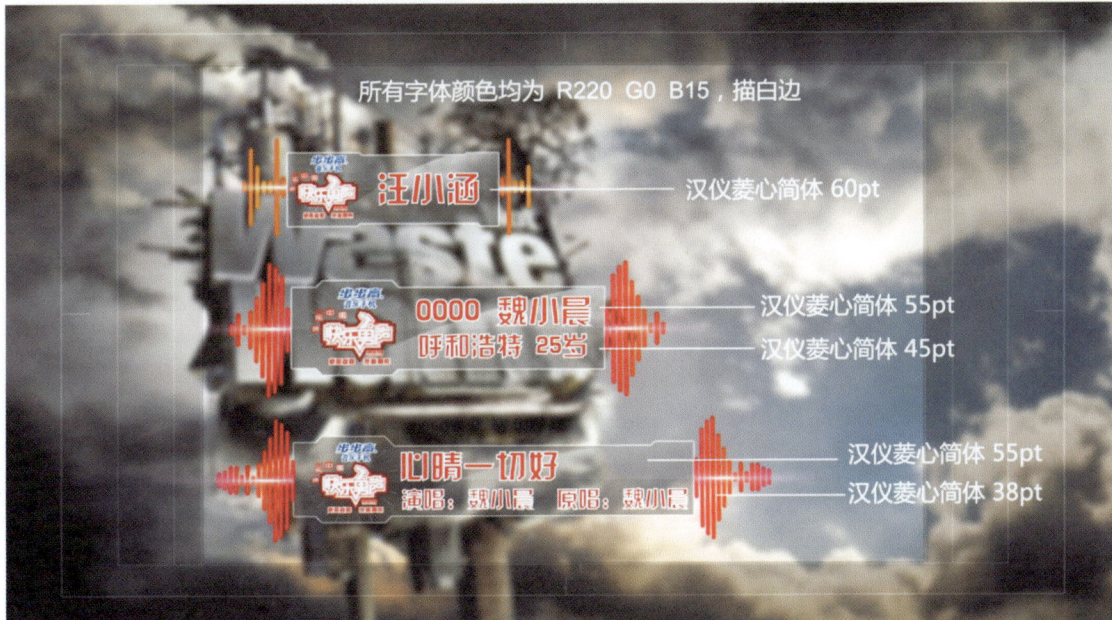

所有字体颜色均为 R220 G0 B15，描白边

汪小涵　　　　　　　——　汉仪菱心简体 60pt

0000 魏小晨　　　　——　汉仪菱心简体 55pt
呼和浩特 25岁　　　　——　汉仪菱心简体 45pt

心晴一切好　　　　　　——　汉仪菱心简体 55pt
演唱：魏小晨　原唱：魏小晨　——　汉仪菱心简体 38pt

案例2
　　　　　　　　　　　　　　　　　　　　　　　《中国梦秀》字幕演示条

案例3

EBRU新闻栏目字幕条截图

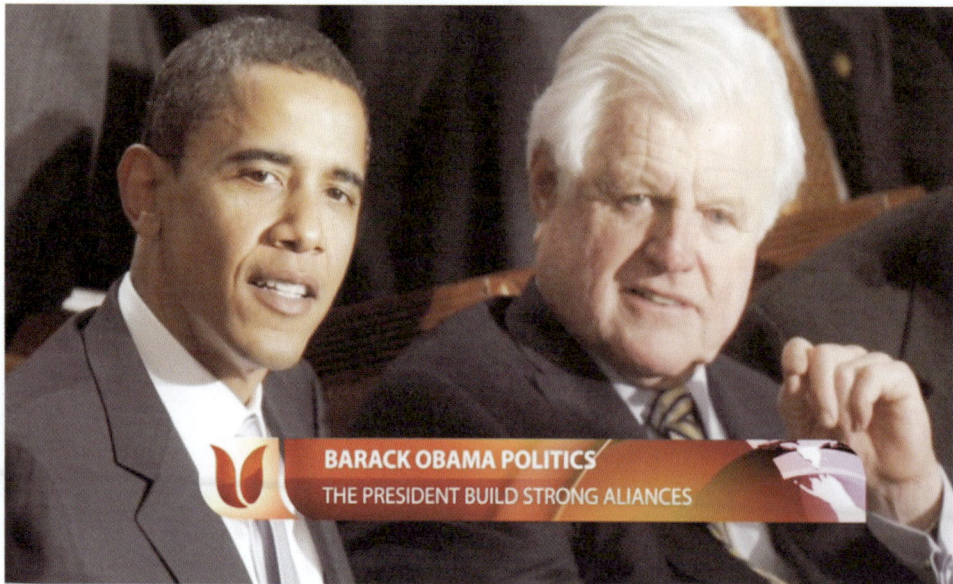

BARACK OBAMA POLITICS
THE PRESIDENT BUILD STRONG ALIANCES

案例4

《中国好声音》字幕条截图

案例4：

《中国好声音》字幕条截图

❷ 角标

栏目角标作为栏目的形象表示，它的作用绝不仅是一种装饰点缀，更是对打造品牌形象和强化观众识别起着重要的作用，因此它作为栏目的表示，不应该仅仅是出现在屏幕的一角（一般在屏幕的右下角，根据需要也可以挂在屏幕其他位置）。

就栏目角标的设计，从静态出发本身是属于LOGO设计范畴，如果从动态的角度出发就涉及运动方式了。在角标的设计过程中，可根据栏目需要选择动态或者静态。

以前相当长一段时间，平面的静态角标占据了大多数栏目的"右下角"，后来随着电视技术的不断进步，出现了越来越多的动态角标，这也使角标的设计变得更加生动。当然，无论是动态角标还是静态角标都要遵循一个原则，这就取决于栏目风格定位和频道整体包装效果，在此要求进行简洁美观的设计，才能有助于栏目被充分地认知。如案例1的《快乐女声》角标。

案例1

左图：《快乐女声成长之路》角标　　　　　　　　　　右图：《快乐女声》角标

案例2

左图：《海外之星》角标　　　　　　　　　　　右图：《丑女无敌》角标

❸转场

　　栏目转场作为栏目各板块和画面内容的切换手段，使得节目在视觉上更有层次感。通常情况下，可以用栏目自身LOGO来进行专场设计，如果想要富有新意，还可以借用栏目包装中的一些主要构成元素来进行转场设计。

　《快乐男声》转场

❹栏目导视、字幕版式

栏目节目播放的核心内容中，除了具备前面提到的人名和标题字幕条，还必须通过一些导视和字幕版式来引导观众的收看，并将一些信息传递给观众。如：一些节目中的下一节提示板式；根据节目形态而成的字幕提示版式。在这些版式设计中，有时会设计成绿色或者蓝色的色块区域，一般用于节目后期合成时进行抠像，放置相关视频或者图片，最典型的是下一节节目提示版式等。

案例1　《快乐男声》字幕板截图

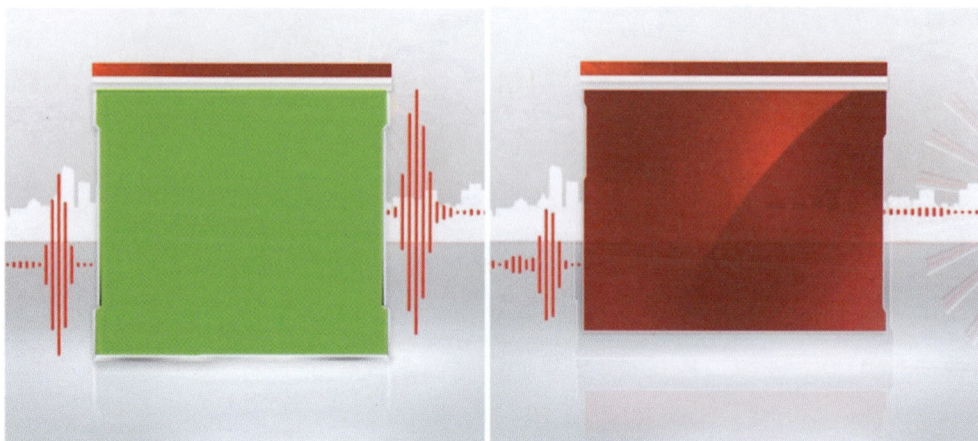

案例2

左图：《节节高声》字幕版式　　　　　　　右图：《挑战麦克风》字幕版式

案例1　　　　　　　　　　　　　　　　　《快乐大本营》字幕板截图

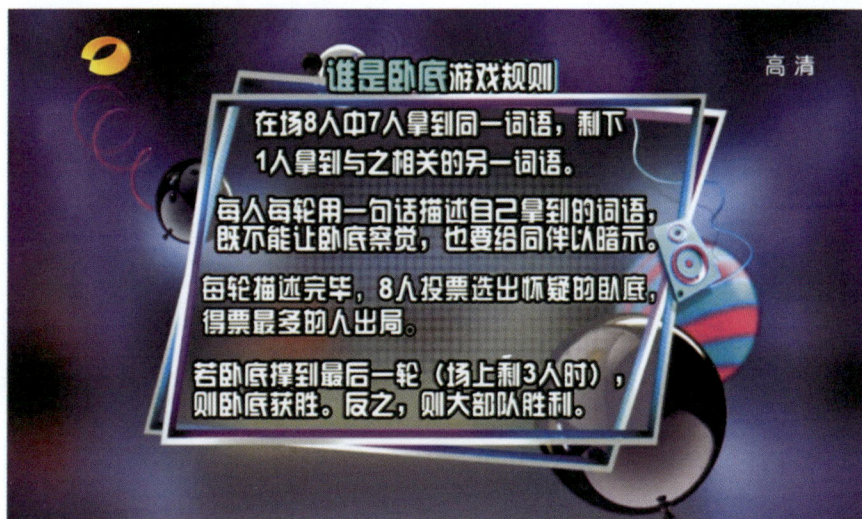

　　总体而言，栏目导视、字幕版式系统就好比该栏目的内容目录。它与频道整体的导视系统类似，只不过它独立存在于栏目自身，但又与频道风格保持一致。它对于提供节目信息、强化节目收视利益点、提高节目的收视率、加深观众对栏目的关注度都起着至关重要的作用。

1.4 电视频道VI包装

VI视觉识别系统，是CIS系统（企业识别系统）中最具传播力和穿透力的部分。视觉是人们接受外部信息的重要方式。VI系统是指将CIS系统中众多企业信息转化为静态视觉设计，从而丰富视觉应用形式，能将企业信息进行更广泛的传播。

1.4.1 VI概念简述

VI全称visual identity，即VI视觉设计，通译为视觉识别系统，是将CIS的非可视内容转化为静态的视觉识别符号。企业通过VI设计，对内可以获得员工的认同感、归属感，加强企业凝聚力，对外可以树立企业的整体形象，资源整合，有控制地将企业的信息传达给受众，通过视觉符码，不断地强化受众的意识，从而获得认同。VI为企业CIS中的一部分。企业CIS包含三个方面，分别为BI（行为识别）、MI（理念识别）、VI（视觉识别）。

电视频道作为一种传播媒体，是一门视听结合的综合艺术。它的VI视觉识别的建立有其特殊性。电视频道的VI设计，主要包括电视频道可视听画面的包装设计（在播包装）和频道之外的形象设计（离播包装）。电视频道的整体包装包括在播包装和离播包装两个方面众多的内容。因此，我们把电视频道的VI手册分为在播包装规范本和离播包装规范本。

案例1   北京网络电视台离播VI设计

1.4.2 电视频道VI手册的功能

❶电视频道VI手册是频道形象的基础

建立一个个性鲜明的电视品牌形象和一个记忆清晰的电视品牌识别，需要电视频道形象在相当一段时间内保持完整性，不能随意更改。打造品牌"长期性和统一性"的战略，赋予了电视频道VI手册将频道整体形象包装的众多方面进行标准化的权利，并以手册的形式制度化、定性化。频道所有工作人员要严格按照VI手册的规定执行，具有强制性。

❷电视频道VI手册是保证电视包装规范的有效措施

电视频道VI手册将频道的在播包装和离播包装的众多内容进行标准规范化。将频道的所有包装设计以标准配件的方式量化，并配合具体的使用方法。如此操作，便于频道包装体系在实施过程中的完整性，最大化了包装设计的功能价值。

❸电视频道VI手册是电视频道品牌形象资产管理和增值的必须

现在的中国电视市场竞争，媒体之间比拼的是品牌价值。除了对电视节目内容的品质较量之外，对频道形象的管理和增值能力也是频道竞争力的体现。以频道形象作为市场竞争的法宝，频道管理体系由节目核心向品牌核心过渡。电视频道VI手册是对频道形象的规范和标准化，既能够避免频道各部分和栏目组在视觉形象上自作主张、各自为政的局面，又可防止因为频道领导的变更而对频道品牌形象进行随意调整的错误做法。电视频道VI手册对电视频道品牌形象资产的积累、管理和增值有着重要的意义。

1.4.3 电视频道VI手册的在播包装规范本

电视频道VI手册在播包装规范本，专注于频道在播包装的规范和标准量化。

在播包装包含的设计品类型众多，如设计频道标识、频道形象、栏目形象、导视系统等方面。在播包装规范本正是对这些包装品在设计使用时进行的规范标准。

电视频道在播包装当需要从创意制作落脚于具体实施时，便需要进行规范化的处理。在播包装的设计品种类繁多，必须用书目的形式来分门别类、标准量化，以求包装操作者能够正确、方便地操作。简而言之，在播包装规范本就是电视工作人员的工具操作手册。

在播包装规范本通常包含频道标识、标准色系、标准字体、频道版权页、字幕系统、频道形象包装规范、栏目形象包装规范等。其中频道标识、标准色系属于核心识别系统。

案例1

湖南卫视在播包装规范本部分截图

01 频道标识系统

标　志
标志立体稿

标识系统

湖南卫视国际频道
Hunan TV World

World

标　志
标志标准色

标识系统

标　志
标志配色示范

标识系统

RGB (屏上用)	R:255 G:102 B:0	■	R:0 G:0 B:0
CMYK (印刷用)	C:0 M:60 Y:100 K:0	■	C:0 M:0 Y:0 K:100

标志可在频道标准色底上反白使用

标志可在频道标准色底上反白使用

02 频道视觉识别基本系统

标准色系/标准配色

视觉包装系统

主色

R:255 G:102 B:0　　　■ R:0 G:0 B:0

辅助色范围

灰色可以根据设计和画面的需要，选择适当灰度的灰色

辅助色在频道橙到黄色和红色间延伸

红 ←─ R:255 G:102 B:0 ─→ 黄

应用字体

视觉包装系统

中文字体

方正准圆简体 / 方正粗圆简体

这是一段示范文字，给予辨认字体使用

这是一段示范文字，给予辨认字体使用

"视觉包装系统应用"中出现的机动字幕所用中文字体全部为方正准圆体和方正粗圆体，画格片中的字体可以灵活运用。

英文字体

Arial

ABCDEFGHIJKLMNOPQRSTUVWXYZ
abcdefghijklmnopqrstuvwxyz
1234567890

Futura Lt BT

ABCDEFGHIJKLMNOPQRSTUVWXYZ
abcdefghijklmnopqrstuvwxyz
1234567890

"视觉包装系统应用"中出现的机动字幕所用英文字体和阿拉伯数字请运用此页字体。

03 频道视觉识别系统应用

1.5　电视频道离播包装

　　电视频道为了推广宣传频道品牌和栏目信息，除了发挥频道自身的媒体资源，还可以通过其他媒体来推广宣传，吸引更多的潜在受众。这就涉及电视频道的离播包装。

　　电视频道离播包装，是指非电视媒体（如报纸、杂志、网站等。）以及社会公共环境中的形象设计与应用。离播包装包括：电视频道的电子网站、平面宣传品、户外广告以及直邮广告、促销礼品、办公用品、展览推广活动、纪念礼品等多方面的设计。离播包装所关注的核心问题是频道或者栏目品牌信息在其他媒介或者信息载体上的展示方式和表达技巧。电视频道的离播包装同其他行业的产品推广类似，基本上都是以广告的形式出现，内容包括频道标识（LOGO）、电视频道形象、栏目形象、广告语等。

1.5.1　平面媒体应用

　　离播包装使用的平面媒体主要包括报纸、杂志、户外广告等类别。户外广告多出现于人群比较集中的公共场所，例如车站、市中心等，其特性是以简洁醒目的表达方式，在短暂的时间内在观众心中留下印象。交通广告主要是在各种交通工具上对频道进行推广宣传，如公交车、汽车、飞机等。其表现形式多以在交通工具的外壁发布信息，当然内部也会利用起来，如公交拉环、飞机座椅等。

案例1

湖南卫视国际频道开播户外广告

案例2　湖南卫视国际频道开播宣传海报

1.5.2　网络应用

电子网络是当今社会信息传播的重要载体。目前电视频道也在不断加强对网络应用的力度,从而为品牌形象宣传推广服务。电视频道可以用自己的网站开通邮箱收集观众意见、发布节目播出信息等,它不仅可以作为频道自我宣传推广的品牌,而且能够成为频道盈利的重要途径。充分利用电视观众数量多、大众化的特点,凭借频道的内容特色和品牌影响力来提升频道的点击率,进而转化为网站的商业价值。通过各种网站盈利模式,为频道增加新的经济收益。

案例1

账号： 密码： ☑自动登录 **登录** 新用户注册 🐧 😊 🅿 芒果tv 芒果游戏

金鹰网 hunantv.com

综艺▾ 电影▾ 音乐▾ 电视剧▾ | 搜索

明星 | 图库 | 时事 | 节目库 | 专题 | 娱评 | 访谈 | 小游戏 | 微博 | 汽车 | 财经 | 家居 | 时尚 | 百科 | 滚动

《女人如歌》百人大众评审甄选火热开启 参与活动就有机会与明星同台当评委 马上报名

Movie 电影

内地 | 港台 | 韩国 | 欧美 | 其他

快速检索 更多>>

剧情 动作 惊悚 犯罪 恐怖 冒险
家庭 喜剧 爱情 战争 短片 歌舞
音乐 西部 悬疑

本周口碑榜

敢死队2	37438人想看
伤心童话	10303人想看
消失的子弹	6158人想看
白鹿原	5454人想看
二次曝光	3468人想看
铜雀台	2997人想看
危险关系	2066人想看
复仇者联盟	1833人想看
大武当之天地密码	1689人想看
听风者	1418人想看

即将上映 **正在热映** 经典影片

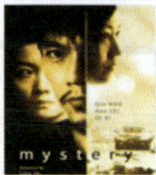

浮城谜事
7.8分
131人想看

全面回忆
7.2分
247人想看

安娜·卡列尼娜
8.6分
10人想看

飓风营救2
8.8分
122人想看

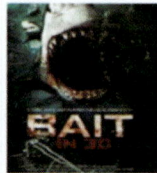

二次曝光
7.5分
4951人想看

环形使者
7.8分
550人想看

铜雀台
8.3分
4402人想看

大海啸鲨口逃生
7.8分
113人想看

Tv 电视

内地 | 港台 | 韩国 | 欧美 | 其他

快速检索 更多>>

婚恋伦理 爱情 青春偶像 武侠
古装 军事战争 职业 医学 悬疑
刑侦 栏目剧 都市题材 农村题材
神话戏说 科幻奇幻

本周口碑榜

1、大莫谣	19210人想看
2、天使的幸福	17352人想看
3、木府风云	9684人想看
4、向着炮火前进	7302人想看
5、姐姐立正向前走	5744人想看
6、我家有喜	5544人想看
7、加油妈妈	4253人想看
8、新白发魔女传	3967人想看
9、麻辣女兵	3931人想看
10、女相	1854人想看

即将播出 **正在热播** 经典剧集

雷霆扫毒
(2012) **9.9分**
63人想看

大时代
(2012) **0.0分**
5人想看

大男当婚
(2012) **0.0分**
0人想看

加油妈妈
(2012) **8.9分**
4333人想看

新白发魔女传
(2012) **9.3分**
42397人想看

螺丝小姐要出嫁
(2012) **9.2分**
916人想看

致美丽的你
(2012) **9.7分**
437人想看

后厨
(2012) **7.5分**
759人想看

1.5.3　公关用品

在生活中，很多与观众关系密切的物品都能够成为频道广告信息的载体或频道的公关礼品。用于离播包装的常用公关礼品包括：雨伞、纪念手表、挂历、台历、手提袋、画册、DVD光盘、水杯等。其目的使电视频道与观众、广告客户、合作伙伴的距离拉近和建立良好的社会公共关系。

案例1　　　　　　　　　　　　　　　　　　　　湖南卫视国际频道明信片

案例2　　　　　　　　　　　　　　　　　　　　湖南卫视国际频道宣传册

案例3　　　　　　　　　　　　　湖南卫视《快乐大本营》DVD光盘版本

案例4　　　　　　　　　　　　　中央电视台公关用品设计

1.5.4 办公用品

用于离播包装的常用办公用品包括名片、信封、稿纸、钢笔、工作证、采访车、转播车、摄像机、采访话筒、员工制服、胸牌等。办公用品通常会流散出频道之外,代表着频道的统一品牌形象,是频道品牌形象建设的重要组成部分。

案例1　　　　　　　　　　　　　　　　　　　　　湖南卫视国际频道工作证

案例2　　　　　　　　　　　　　　　　　　　　　中共电视台办公用品设计

模块2 电视栏目片花

2.1 模拟制作任务 ——如何用基本工具制作水墨片花

《宏兆水墨》是宏兆集团司庆片2010年年会的片花。本片分江海篇、峰峦篇、长空篇这三个篇章来演绎"宏大高远"和"兆亿无限"的集团品牌内涵和企业志向，从更高的文化品位和历史时空的角度引领企业文化走向更加开阔壮美的宏伟明天。它的作用是衔接晚会三个篇章。这里根据的定位和需求制作的片花包装，要突出文化底蕴和历史感等关键词。

任务要求

通过后期软件的处理手段和方法，利用软件本身的基本工具制作《宏兆水墨》片花。

任务参考效果图

能力目标
■ 掌握应用软件工具来完成《宏兆水墨》片花的设计和制作

软件知识目标
■ 【New Composition】新建项目合成窗口
■ 时间线编辑区内素材剪辑操作
■ TRACK MATTE，TIME REMAP

■ 预制文字动画应用、关键帧
■ 【Horizontal Type Tool】文字编辑工具
■ 预制文字动画应用
■ Transform参数介绍
■ Box Blur效果应用
■ 预览动画效果
■ 保存项目工程文件

新建工程文件导入素材并设置

01. 启动AE后，新建一个工程文件，选择对话框的Close选项，进入到软件面板，如图2-1所示。

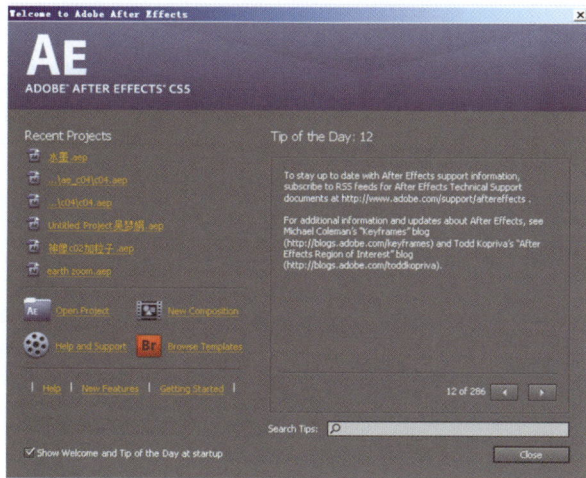

图2-1

02. 选择【File】>【Import】>【File】命令，弹出【Import File】（导入素材）对话框。选择"挥毫.mov""24.mov""Reveal_05.mov"素材文件，单击【打开】按钮。完成素材的导入，如图2-2所示。

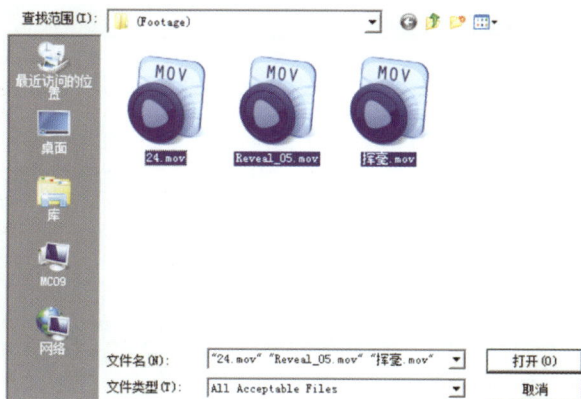

图2-2

03. 在【Project】素材管理区中选中素材"挥毫.mov"，并将素材拖至窗口下方的![图标]按钮上，建立一个与素材尺寸大小相同的合成窗口①，如图2-3所示。

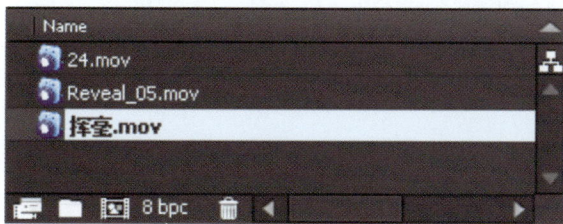

图2-3

04. 在时间线编辑区中，素材"挥毫.mov"会作为合成层的第一层，如图2-4所示。该合成窗口时长为"0:00:30:00"，该合成窗口时长与素材时长相同。效果图如图2-5所示。

图2-4

图2-5 效果图

时间线上的素材剪辑

05. 在时间线编辑区选择素材"挥毫.mov",将时间光标移至素材"0:00:15:20",按住键盘Ctrl+Shift+D[②](分裂所选层),则所选层就会以当前时间指针为界限分裂成两部分,如图2-6所示。

图2-6

06. 在时间线编辑区中,选择第一层"挥毫.mov",将时间线光标移至"0:00:19:03",按住【Alt+[】(剪辑层的入点),在"0:00:19:03"前所有画面将被删除,如图2-7所示。

图2-7

07. 在时间线编辑区中,将时间光标移至"0:00:15:19",单击第一层"挥毫.mov",按住Shift(吸附)键,点选第一层素材"挥毫.mov",鼠标向左侧移动,素材将会吸附至时间线光标处,如图2-8所示。

图2-8

08. 选择第一层"挥毫.mov"运用【Opacity】透明度特效,做一个淡出效果,先将时间光标调整至"0:00:17:20",在特效编辑区设置插件的动画效果,将【Opacity】前的关键帧记录器 激活,激活后的按钮变为 ,设置【Opacity】参数为100,在时间线中会出现关键帧(菱形)标志,表示数值已被记录,如图2-9所示。在时间线编辑区中将光标调整至"0:00:18:24",返回特效编辑区,设置【Opacity】参数为0,如图2-10所示。

图2-9

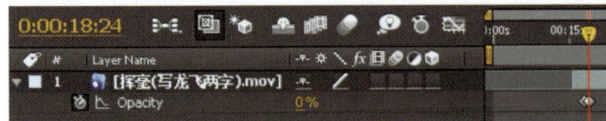
图2-10

使用TRACK MATTE制作水墨晕染效果

09. 在【Project】素材管理区选中素材"24.mov"和"Reveal_05.mov",拖动到时间线编辑区中,如图2-11所示。在时间线编辑区中展开左下角的【Expand or Collapse the transfer Controls Pane】(展开或者关闭控制窗口)选项 。将"Reveal_05.mov"层作为"24.mov"层的蒙版,选择"24.mov"层的【Track Matte】[③]【Luma Matte "Reveal_05.mov"】,如图2-12所示。晕染效果如图2-13所示。

图2-11

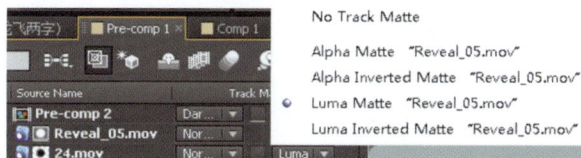

图2-12

图2-13

TIME REMAP的使用

10. 在时间线编辑区中选择"Reveal_05.mov"合成层，并移动至"0:00:06:01"④，如图2-14所示。

图2-14

11. 选择"Reveal_05.mov"，按住键盘Ctrl+Alt+T，调出【Time Remap】（时间重映射），此时关键帧记录器已经激活，首尾两端将会出现记录参数的关键帧，如图2-15所示。将时间光标移至"0:00:08:09"处，设置Time Remap⑤参数为"0:00:02:07"，修改参数后会增加一个关键帧⑥，如图2-16所示。将"Reveal_05.mov"层尾端关键帧

删除，水墨晕染画面定格，如图2-17所示。将鼠标移至"Reveal_05.mov"层尾端，层时间控制箭头出现后，鼠标向右侧移动，将素材拉长到"0:00:22:00"，如图2-18所示。效果图如图2-19所示。

图2-17

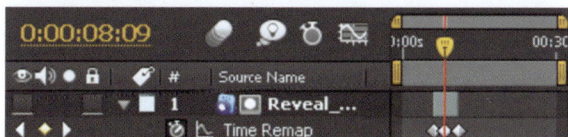

图2-18

图2-15

图2-16

图2-19

文字编辑工具【Horizontal Type Tool】

12. 选择工具栏中的【Horizontal Type Tool】⑦工具，如图2-20所示。在"定板"合成窗口预览区内任意处单击激活文字输入光标，在时间线编辑区中会出现新的文字层，并在合成窗口中展开安全框设置栏 ▣ ，选择 Title/Action Safe，开启合成窗口文字安全框以便文字排版，如图2-21所示。

图2-20

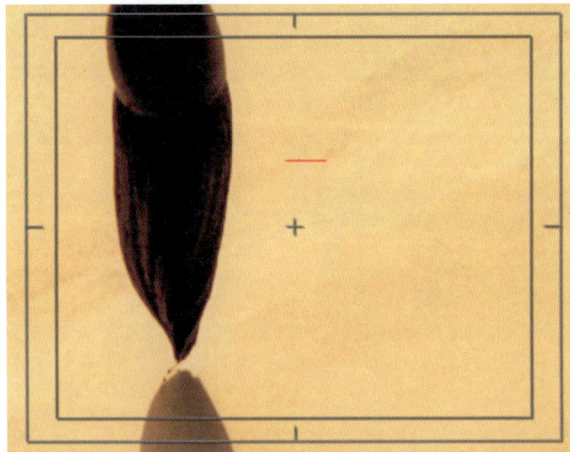

图2-21

13. 选择【Horizontal Type Tool】 ⊤ 工具按住3秒，会出现文字的排列方式选项，选择【Vertical Type tool】竖版文字，如图2-22所示。在预览编辑区内输入"有物名曰水 至柔有大能 山泉露头角 立志向海行 坎坷等闲过 奔流步不停"，并进行排版，位置、长度、距离如图2-23所示。选中文本框内所有文字，在预览区右侧的文字编辑区中设置其字体参数，设置字体为HY XueJunJ（汉仪雪君简），字体大小参数为"52px"，行间距为"78px"，字间距为"0px"，如图2-24所示。在文字编辑区单击 颜色设置按钮，弹出【Text Color】对话框，设置字体的颜色为黑色，如图2-25所示，单击【Ok】按钮完成设置。

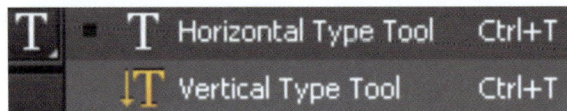

图2-22

图2-23

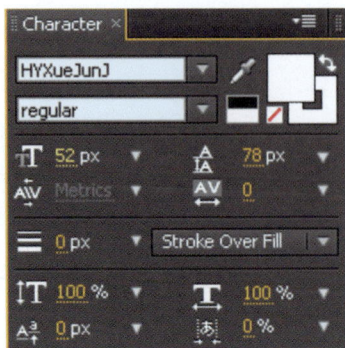

图2-24

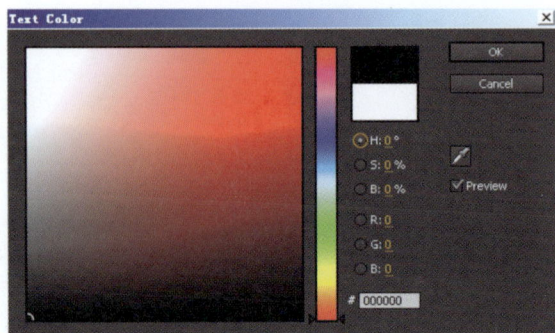

图2-25

44

预制文字动画应用

14. 在时间线编辑区中，选择字幕层"有物名曰水……"，在"0:00:07:00"点击菜单栏进入【Animation】>【Browse Presets】⑧命令，如图2—26所示。稍等片刻会弹出Adobe Bridge，如图2—27所示。进入【Text】>【Animation in】文件夹，选择"Fade Up Characters.ffx"文件，双击将预制效果赋予"有物名曰水……"字幕层，如图2—28所示。在预览窗口中观看添加"有物名曰水……"预制动画后的效果，如图2—29所示。

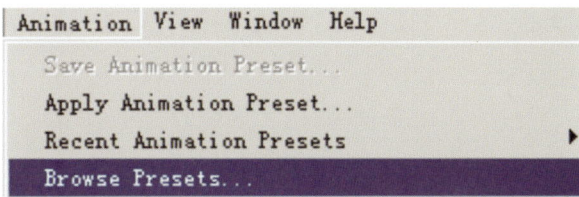

图2—26

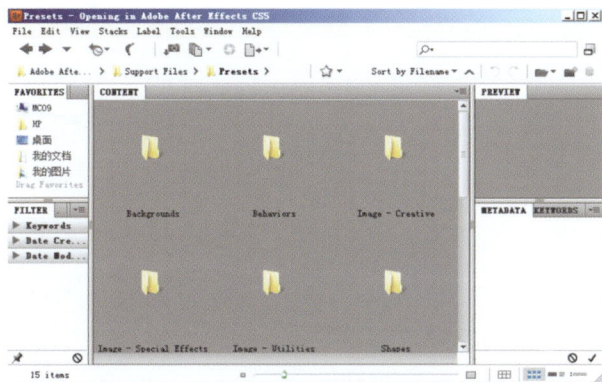

图2—27

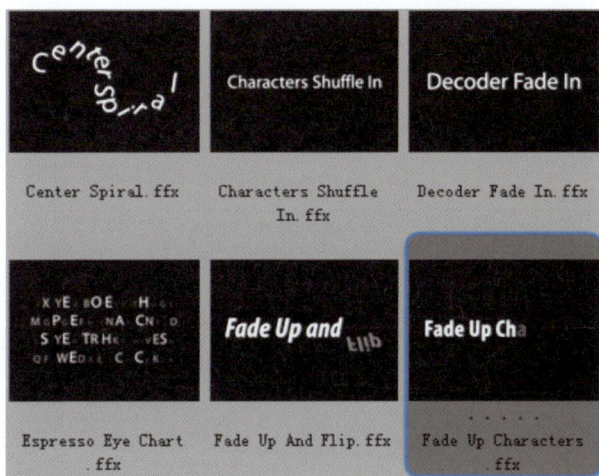

图2—28

图2—29

文字位移动画

15. 文字层做一个由左至右的运动动画。将时间光标调整至"0:00:07:00"，在特效编辑区设置插件的动画效果，将【Position】[9]前的关键帧记录器激活 ，激活后的按钮变为 ，设置【Position】参数为"342.0，287.0"，在时间线中会出现关键帧（菱形）标志，表示数值已被记录，如图2-30所示。在时间线编辑区中将光标调整至"0:00:16:14"，返回特效编辑区，设置【Position】参数为"603.1，287.0"，如图2-31所示。在时间线编辑区中再将时间光标调整至"0:00:22:00"，返回特效编辑区，设置【Position】参数为"625.0，287.0"，如图2-32所示。效果如2-33所示。

图2-30

图2-31

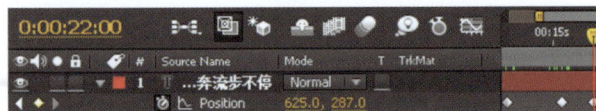

图2-32

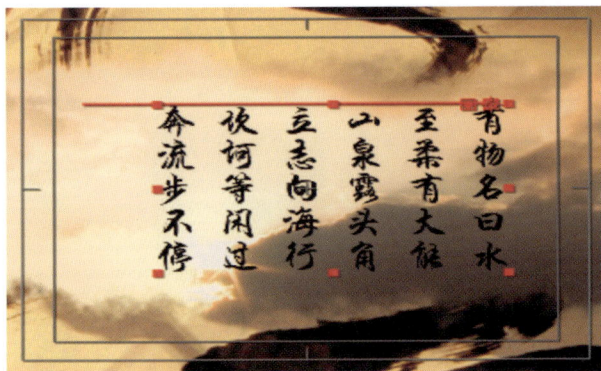

图2-33

16. 选择字幕层，运用【Opacity】透明度特效，做一个淡入效果。先将时间光标调整至"0:00:06:22"，在特效编辑区设置插件的动画效果，将【Opacity】前的关键帧记录器激活 ，激活后的按钮变为 ，设置【Opacity】参数为"0%"，在时间线中会出现关键帧（菱形）标志，表示数值已被记录，如图2-34所示。在时间线编辑区中将光标调整至"0:00:08:08"，返回特效编辑区，设置【Opacity】参数为"100%"，如图2-35所示。

图2-34

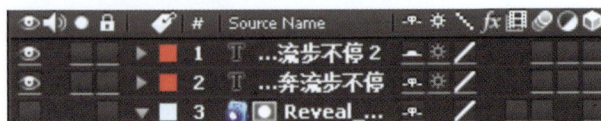

图2-35

BOX BLUR效果应用

17. 选择字幕层，按住【Ctrl+D】组合键复制一层文字，如图2-36所示。选择在特效编辑区中由上至下的第二层字幕层，点击【Effects】>【Blur & Sharpen】>【Box Blur】⑩命令，如图2-37。在特效编辑区调整【Box Blur】的参数，设置"Blur Radius"值为"7"，如图2-38所示。在预览窗口⑪观看水墨晕染效果，最终效果图如图2-39所示。

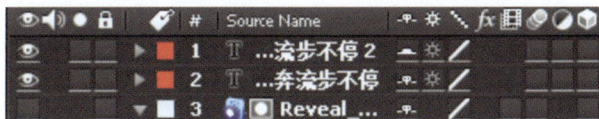

图2-36

图2-37

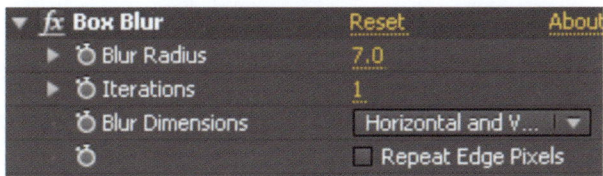

图2-38

图2-39

18. 选择由上至下的第二层字幕层，运用【Opacity】透明度特效，做一个淡出效果，在时间线编辑区中将光标调整至"0：00：16：08"帧，此时关键帧记录器已激活 ，设置【Opacity】参数为0。如图2-40所示。

图2-40

导入音频到合成窗口

19. 导入"挥毫.wav"音频文件。选择【File】>【Import】>【File】命令，弹出【Import File】（导入素材）对话框，选择"挥毫.wav"音频素材文件，单击【打开】按钮完成音频素材的导入。在【Project】素材管理区中选中"水墨音频.wav"，拖动到合成窗口的时间线最底层，并与零帧对齐。如图2-41所示。

图2-41

创建渲染并设置输出

20. 在时间编辑区中，将时间光标调整至"0:00:23:24"，按下快捷键【N】设定时间线工作区域的出点，选择【Composition】>【Make Movie】命令，弹出【Render Queue】对话框，如图2-42所示。点击【Output module】旁的【Lossless】，弹出【Output Module Settings】设置框，将【Video Output】下的【Channles】设置为RGB+Alpha，点OK，如图2-43所示。勾选【Audio Output】音频输出设置，（Adobe Effects CS5一般默认输出为不带音频），如图2-44所示。点击【Output TO:】弹出

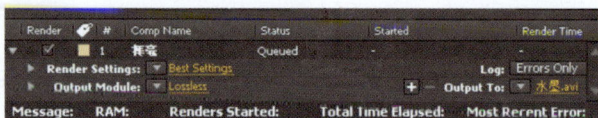

图2-42

图2-43

【Output Movie TO】设置框，确定最终输出的视频文件名和保存路径，点击保存完成设置。

21. 按【Ctrl+S】组合键保存名为"水墨"的项目工程文件[12]。最后点击【Render Queue】[13]对话框中的Render渲染完成并将视频文件输出。

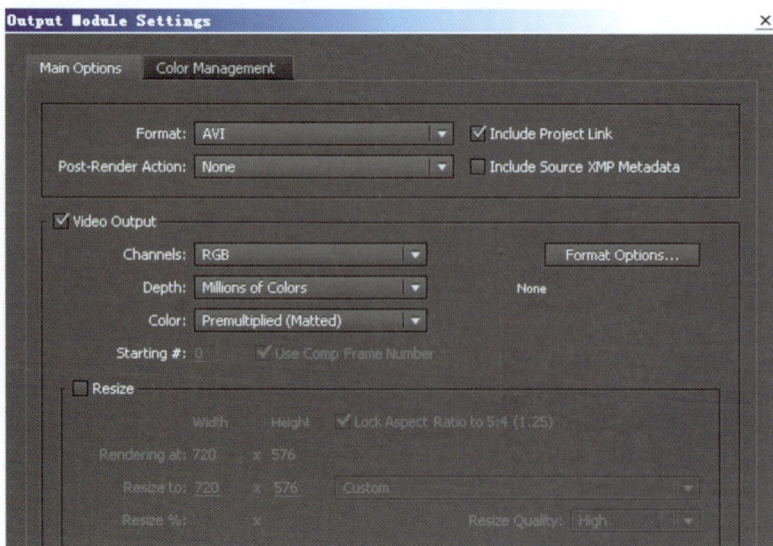

图2-44

2.2 知识拓展点

① 【New Composition】新建项目合成窗口

打开【Composition Settings】[1]对话框，如图2-45所示，建立一个新的合成窗口。一般要设置工程文件的【Name】名称、【Preset】预设（工程文件类型）、【Resolution】画面预览质量与【Duration】时间长度[2]。

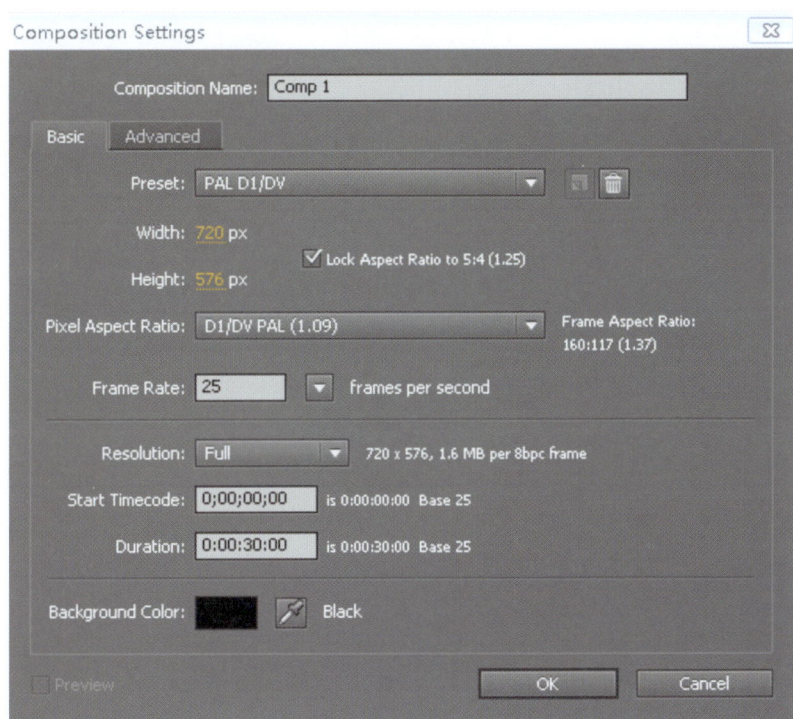

图2-45

② 时间线编辑区内素材剪辑操作

（1）改变素材持续时间

时间线编辑区中区域具有基本的剪辑功能，可以对素材进行剪切、排列、调整动画曲线等处理，当鼠标移至素材开始或结尾处，将出现提示光标，可以拉长或缩短素材，改变素材的持续时间，如图2-46所示。【Comp】作为层素材文件嵌套至其他合成窗口中时，素材长度受其本身客观时间长度影响，不能随意改变素材播放时间，视频素材也是如此。

图2-46

(2) 时间线光标基本操作

除了本书前面内容涉及的调整时间线光标位置的几种方法外,按【I】键到达选中层最前帧,按【O】键到达最后一帧③,按【Ctrl+←】组合键或【Ctrl+→】组合键可向前或向后单帧移动时间线光标。

选择【Edit】>【Split Layer】命令,打断素材并生成新的层,效果如图2-47所示。选中多个层使用该命令,可以同时打断被选中的素材④。

图2-47

(3) 素材排列

当时间线编辑区中有多个素材时,选中所有素材,选择【Animation】>【Keyframe Assistant】>【Sequence Layers】命令,弹出【Sequence Layers】⑤对话框,如图2-48所示,单击【OK】按钮,在默认状态下素材将自动首尾衔接排列,效果如图2-49所示。

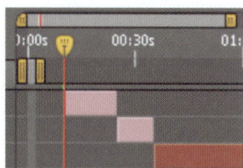

图2-48

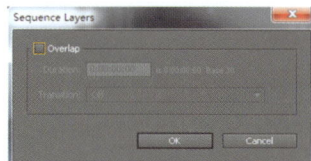

图2-49

使用【Sequence Layers】命令时,排列顺序默认为层顺序。若需要指定顺序,按住【Shift】键,按照预定顺序单击素材即可重新排列素材。

③ TRACK MATTE

当一个层被定义为其下层的轨道蒙版层时,系统会自动将其显示视频开关关闭,但是仍然可以对该层进行位移、缩放、透明度等操作。可以通过Alpha通道或像素的亮度值定义轨道蒙版层的透明度。当轨道蒙版层没有Alpha通道时,可以使用亮度值设置透明度。屏蔽中的白色区域可以防止从下面的层中透出不透明区域。

黑色区域可以创建透明的区域,灰色区域可以生成半透明区域。为了创建叠加片段的原始颜色,可以用灰度图像作为屏蔽。⑥

Luma Matte:使用蒙版层的亮度值。当像素的亮度值为100%时不透明。

Luma Inverted Matte:使用蒙版层的反转亮度值。当像素的亮度值为0%时不透明。效果如图2-50所示。

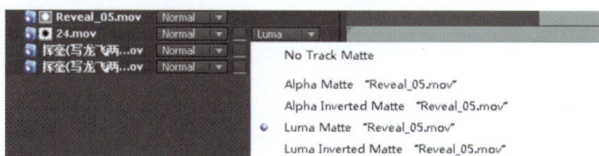

图2-50

④ 调整时间线光标

(1) 通过数值定位光标位置

在After Effects CS5软件的操作中，时间线的概念是非常重要的，一般称其为【Timeline】。在激活时间线编辑区中的黄色时间显示区可以直接通过输入数值改变时间线光标所在的位置，如果是在第五帧，可以在弹出的对话框中直接输入数字"5"，如果是在第1∶05帧，可以直接输入数字"105"[7]，如图2-51所示。

(2) 通过移动光标定位光标位置

也可以在时间线编辑区中通过直接拖动时间线光标移动其位置，或者在目标位置点处单击移动光标位置[8]，单击的位置如图2-52所示，只有在这个标尺范围内单击才有效。

图2-51

图2-52

⑤ 关键帧

After Effects CS5动画[9]是通过关键帧的记录来完成设置的。产生动画有两个要素，一是时间点的改变，二是数值的变化。激活关键帧记录器后，在时间线中会相应出现关键帧标志，图层前的添加关键帧记录器按钮有两个不同方向的三角按钮，单击三角按钮就可以直接跳到前一个或后一个关键帧位置上，避免手动选择出现误差，如图2-53所示。

图2-53

⑥ Time remapping

After Effects可以通过对层的持续时间控制，改变影片播放速度，对影片进行慢速或快速处理。一般情况下，通过Time Stretch（时间延伸）命令，就能够改变层的持续时间，修改视频播放速度。当需要更自由的时间控制时，例如对视频由快到慢的过渡或瞬间加速等特效，就能使用Time Remapping（时间重置）效果。该工具可以拉伸、压缩、反向播放或静止层的一部分（参考《宏兆水墨》效果）。选择Layer>Enable Time Remapping，可以为当前层应用的时间进行控制，如图2-54所示。对层应用时间控制后，可以在Timeline窗口的Graph图表对其进行精确调整，从而达到需要的加速或减速效果。在时间线窗口中，可以调节关键帧的使用时间。时间控制通过对关键帧

☆经验

[7]选择【File】>【Project Settings】命令，弹出【Project Settings】对话框。将【Display Style】设置为【Frames】，则直接输入帧数调整时间线光标的位置。选择叠化效果后，层属性中会添加透明度关键帧动画效果。

☆注意

[8]如果项目工程文件较大或特效比较复杂，直接拖动时间线光标移动位置容易造成死机或者软件崩溃。

☆注意

[9]这里所指的"动画"不是"动画片"或"卡通片"的概念，而是指所有素材，比如画面或图像所产生的任何变化，也包括声音的变化。

的时间和速率进行设置，可以对层完成拉伸、压缩、倒放和静止设置。例如将第一帧时间设为结束帧，将结束帧设为第一帧，则可以完成影片的倒放。

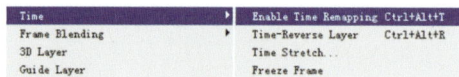

图2-54   图2-55

⑦【Horizontal Type Tool】文字编辑工具

选择【Horizontal Type Tool】⑩工具后，在预览区中任意位置单击即可进入文字输入编辑。在激活编辑并输入所要编辑的文字后，软件右侧会出现文字层相关的编辑区，如图2-56所示。在该编辑区中可以设置字体的样式、颜色、大小、间距等属性。

⑧ 预制文字动画应用

（1）文字动画的介绍

文字动画包括Basic Text、Number、Path Text三种文字效果。总的来说，这三种文字效果为我们只做各种基本的文字动画提供了简单的方法，但不足以做更为复杂的文字动画。

（2）文字动画效果预制

在添加效果【Text Animation Presets】⑪工具后，预制了大量精彩的文字动画效果。预置调板中的文字动画效果存储的是【Animation Groups】中的信息，可以将认为满意的文字动画效果存储到预置调板中，随需调用，如图2-57所示。

⑨ Transform参数介绍

在时间线编辑区中的每个图层都有【Transform】⑫属性编辑，如图2-58所示，分别是【Anchor Point】（中心点）、【Position】（位置）、【Scale】（缩放）、【Rotation】（旋转）、【Opacity】（透明度）。

图2-56

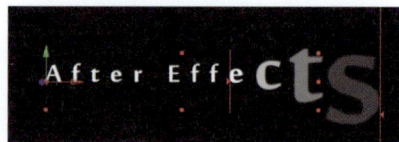

图2-57

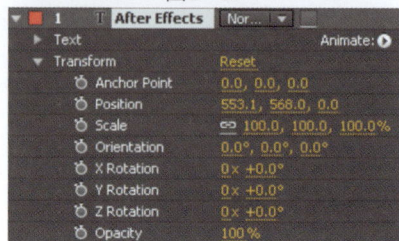

图2-58

52

⑩ 预览动画效果

以水墨片头任务一中的"文字层"层文件为例，选择【Effects】>【Blur & Sharpen】>【Box Blur】⑬命令，在特效面板中可以调整【Box Blur】参数值设置模糊的效果，如图2-59所示。

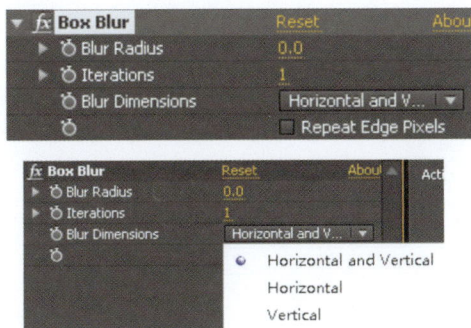

图2-59

⑪ 保存项目工程文件

在一个镜头或一段动画处理完成后，可以通过按数字键盘上的【0】键预览动画效果，预览的效果和时间长度与项目工程文件的复杂程度以及计算机硬件有着很大的关系，工程文件越复杂或计算机硬件配置越低，需要预渲染的时间越久，能够预览的时间长度相对也会越短。另外，也可以通过按【Space】键进行画面预览⑭。有时候可以通过降低预览画面质量来提高预览的时长，如图2-60所示。在预览区下方的相应下拉菜单中，可以选择预览画面的质量。

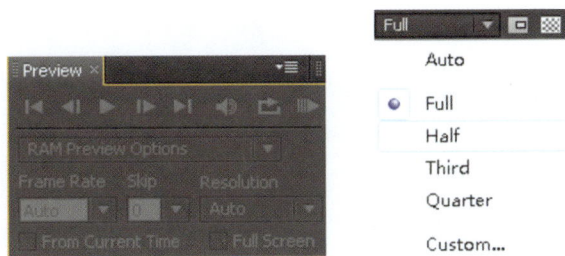

图2-60

⑫ 保存项目工程文件

文件存储命令主要包括【File】>【Save】、【File】>【Save As】、【File】>【Save a Copy】、【File】>【Save a Copy As XML】等。一般常用的是前两种，对于新建的项目文件工程，编辑后选择【File】>【Save】和【Save As】⑮，这两种命令的性质相同；对于打开的项目工程文件，这两种命令则不同，【Save】命令是覆盖编辑前的项目工程文件，而【Save As】是将编辑过的项目工程文件重新命名后进行保存。养成良好的保存习惯非常重

☆注意

⑯在项目工程文件比较大的情况下，可以选择存盘。文件名最好以字母或数字为主，如使用中文名，在项目工程素材收集打包的时候，容易导致素材路径丢失。

要，在项目工程文件编辑过程中要注意随时保存文件⑯。如图2-61所示。

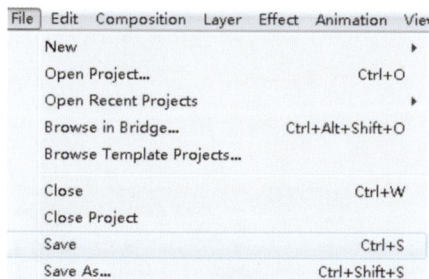

图2-61

⑬【Render Queue】对话框的介绍

当视频制作完成，在菜单中执行【Composition】>【Make Movie】命令（快捷键）【Ctrl+M】将Render Queue窗口打开，如图2-62所示。

图2-62

【Current Render】：当前渲染任务；

【Elapsed】：已渲染用时；

【Stop】：放弃渲染；

【Pause】：暂停渲染；

【Render】：渲染。

渲染设置各模块介绍如下。

在创建合成窗口时，已经为合成项目设置了显示质量和分辨率。在【Render Queue】窗口中执行【Render Settings】>【Best Settings】命令，再根据输出需要进行更多的选项设置或更改设置，如图2-63所示⑰。

☆技巧

⑰渲染Camera 1的视角，就把这个视角全部交给总渲染窗口Active Camera.就是让Camera 1摄像机的轨道从时间头到时间尾全部冲满，而且放在视频轨道最上面，这样Active Camera就只能看到Camera 1摄像机就自然渲染Camera 1了。所以渲染始终都是Active Camera。

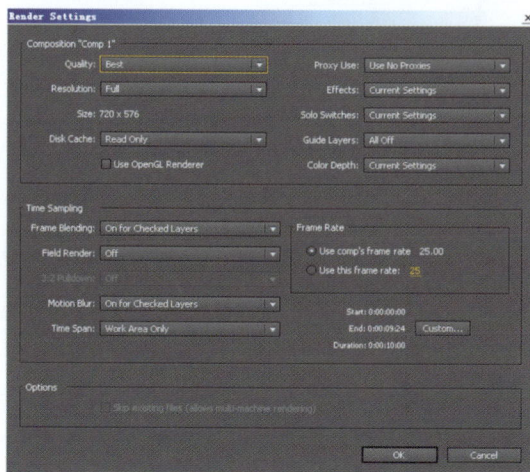

图2-63

54

【Quality】：视频品质设置。点击设置后会出现下列对话框，如图2-64所示。【Current Settings】为当前层设置，【Best】为最佳品质，【Draft】为中等品质，草图渲染，【Wireframe】为低等品质，线框渲染。

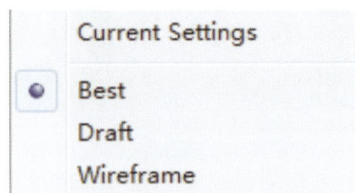

图2-64

【Proxy Use】：代理设置。点击设置后会出现下列对话框，如图2-65所示[18]。【Current Settings】为当前层设置，【Use All Proxies】为使用所有代理服务器。

图2-65

【Resolution】：画面分辨率设置。点击设置后会出现下列对话框，如图2-66所示。【Current Settings】为当前层设置，【Full】为全尺寸，【Half】为半尺寸分辨率，【Third】为三分之一尺寸分辨率，【Quarter】为四分之一尺寸分辨率，【Custom...】为自定分辨率。

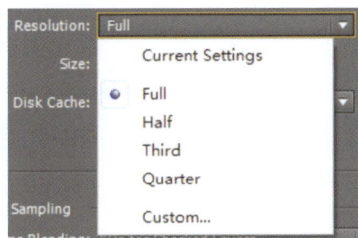

图2-66

【Effects】：特效设置。点击设置后会出现下列对话框，如图2-67所示。【Current Settings】为当前层设置，【All On】为特效全部渲染，【All Off】为关闭所有特效渲染。

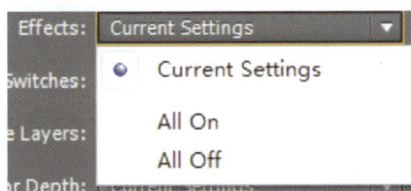

图2-67

☆技巧

[18]可以选择渲染所有代理，或只渲染合成项目中的代，或不渲染任何代理。

【Size】：画面尺寸设置。如图2-68所示。

图2-68

【Solo Switches】：指定渲染时是否考虑独奏开关。点击设置后会出现下列对话框，如图2-69所示。【Current Settings】为当前层设置，【Current Settings】选择【All On】时表示考虑，选择【All Off】时表示不考虑。

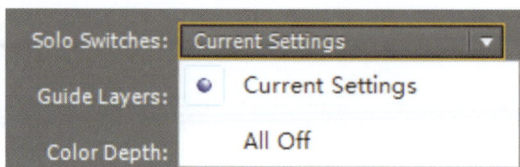

图2-69

【Disk Cache】：硬盘缓冲设置。一般选择【Read Only】，为只读一个文件。

【Use OpenGL Renderer】：使用OpenGL进行渲染。如图2-70所示。

图2-70

【Guide Layers】：操作层设置。点击设置后会出现下列对话框，如图2-71所示。【Current Settings】为在建立合成窗口时的设置，【All Off】为关闭所有操作。

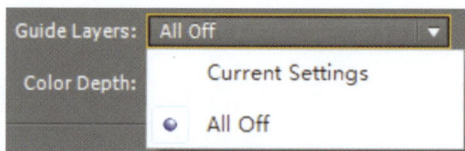

图2-71

【Color Depth】：色彩深度设置（又称色彩位数）。点击设置后会出现下列对话框，如图2-72所示。【Current Settings】为在建立合成窗口时的设置；【8 bits per channel】为8位元灰阶，都是黑、灰、白色之间，有256个层次；【16 bits per channel】为16位元彩色（高彩色），电脑所用的三原色是红、绿、蓝16位元彩色，其中绿色有2×6=64个，共有65536个颜色；【32 bits per channel】为32位元彩色[19]。

☆技巧

⑲除了24位元彩色的颜色外，额外的8位元是储存重叠图层的图形资料（Alpha频道）。

56

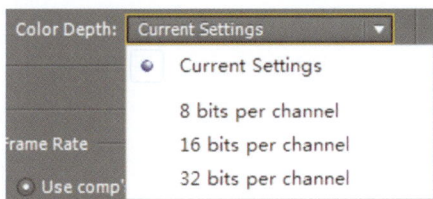

图2-72

色彩深度是计算机图形学领域表示在点阵图或者视频帧缓冲区中储存1像素的颜色所用的位数[20]。

【Frame Blending】帧混合设置。点击设置后会出现下列对话框,如图2-73所示。【Current Settings】为在当前层设置,【On for Checked Layers】为仅对在时间线窗口中开关面板上使用帧融合的层进行帧融合处理,忽略合成图像中的帧融合设置,【Off for All Layers】为关闭所有时间线窗口中使用帧融合的层进行帧融合处理,忽略合成图像中的帧融合设置。

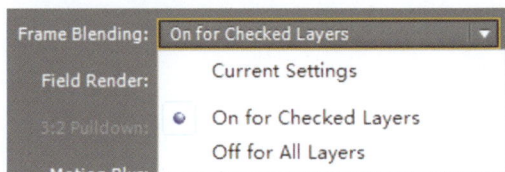

图2-73

当所有设置完成后点击【OK】,保存设置。

当渲染模块设置完成后,在【Render Queue】窗口中执行【Output Module】>【Lossless】命令,再根据输出需要进行更多的选项设置或更改设置,如图2-74所示。

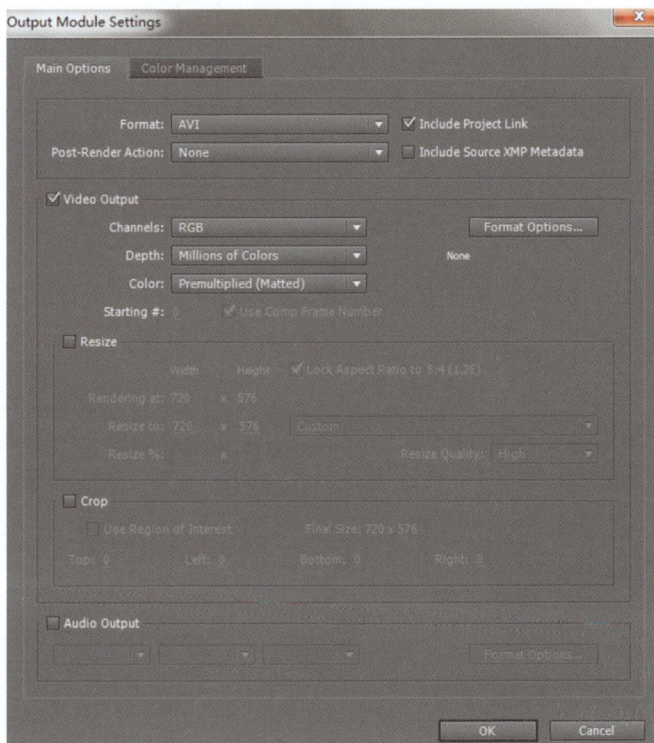

图2-74

☆技巧

[20] 它也称为位/像素(bpp)。色彩深度越高,可用的颜色就越多。

【Format】：输入格式设置。选择需要的格式进行渲染，如图2-75所示。

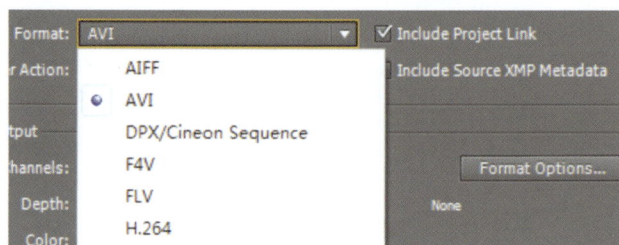

图2-75

【Post-Render Action】：为选项允许在渲染完成后对渲染结果进行处理，如图2-76所示。【None】为绝不使用，【Import】为使用，【Import & Replace Usage】为使用和代理，【Set Proxy】为设置代理。

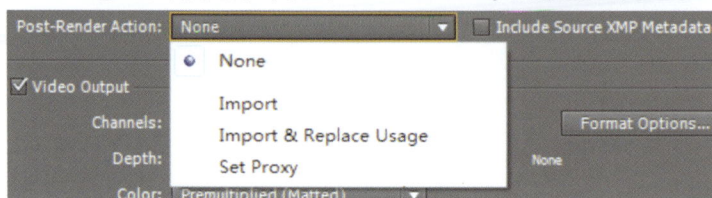

图2-76

【Channels】：为通道输出设置，如图2-77所示。【RGB】为仅输出RGB通道，【Alpha】为仅输出Alpha通道，【RGB+Alpha】为双通道同时输出。

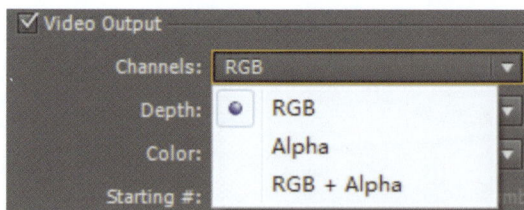

图2-77

【Depth】：深度设置，如图2-78所示。

图2-78

58

【Color】：颜色设置，如图2-79所示。【Straight（Unmatted）】为将Alpha通道解释为Straight类型，【Premultiplied（Matted）】为将Alpha通道解释为带黑色的Premultiplied类型。

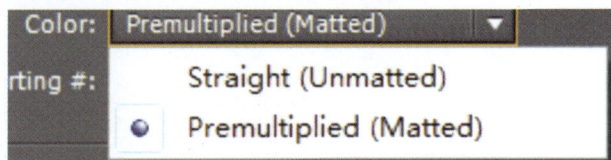

图2-79

★在输出设置面板中，选择【Audio Module】>[Lossless],勾选【Audio Output】音频输出设置（Adobe Effects CS5默认输出不带音频），在输出对话框中，默认参数【48.000kHz】的设置栏为音频的赫兹设置，默认参数【16Bit】的设置栏为音频的位数设置，默认【Stereo】的设置栏为音频的声道设置。【Format Options...】为输出音频的格式设置，如图2-80所示。

图2-80

模块3 电视栏目片尾

　　快乐女声是湖南卫视和天娱传媒举办的大众歌手选秀赛，也是大家耳熟能详的一档选秀节目。湖南卫视国际频道又独家制作播出一档名为《Flying Days——09快乐女声成长之路全记录》的节目，以独特的视角真实记录下快乐女声的成长蜕变之路。这里根据栏目的定位和需求制作的片尾包装，要突出快女的标志性元素：蝴蝶翅膀、粉红色基调、菱形字体等。

　　本模块将详细地拆解片尾中的每一个单独元素，以模拟任务的方式分步骤带着大家结合软件基本工具的学习使用，从设计到制作完成片尾的整个制作过程。

参考效果图

3.1 模拟制作任务——如何用基本工具制作相框元素片花

任务要求

通过后期软件的处理手段和技术方法，运用软件本身的基本工具制作出片尾所需的画面元素。

任务参考效果图

能力目标

■ 掌握用固态层结合Rectangle Tool工具创建片尾所需的画面元素——宝丽来相框

软件知识目标

■ Rectangle Tool工具mask的绘制方法以及功能属性调整

新建工程文件导入素材并设置

01. 启动AE后，新建一个合成窗口，选择【Composition】>【New Composition】命令，弹出【Composition Settings】对话框，把【Composition Name】取名为"相框"，将【Width】调整为"2100"，【Height】为"2400"；再将【Pixel Aspect Ratio】设定为"Square Pixels"；【Duration】(时长)设定为"35"秒，如图3-1-1所示，单击【OK】按钮，完成项目工程文件的设置。

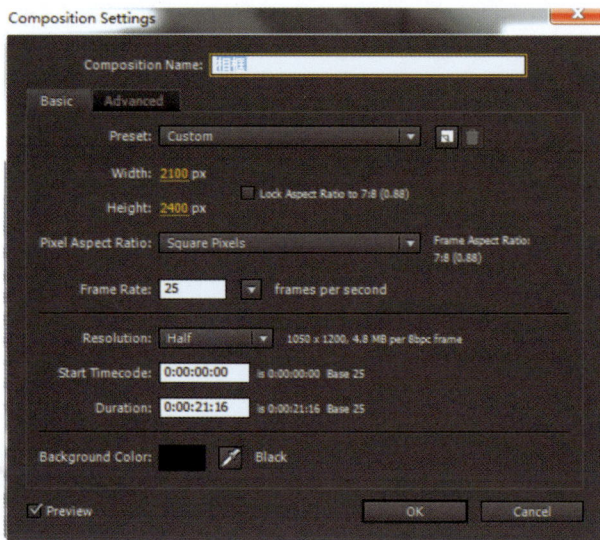

图3-1-1

创建固态层并设置

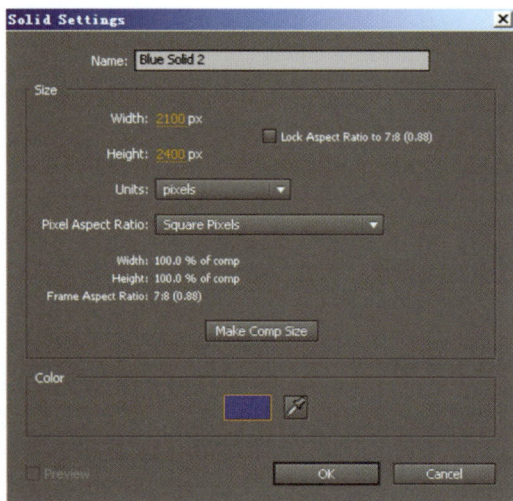

图3-1-2

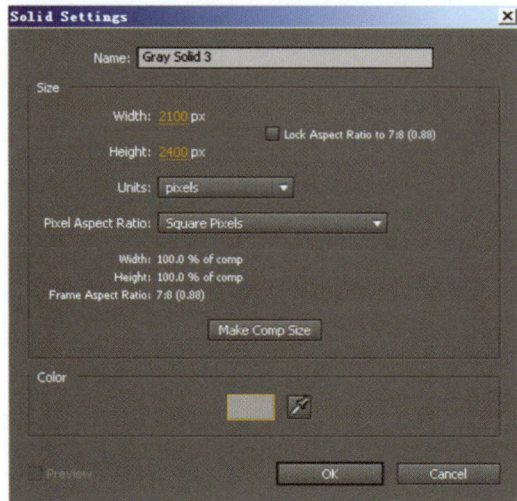

图3-1-3

02. 依次新建一个蓝色固态层、灰色固态层、白色固态层。选择【Layer】>【New】>【Solid】命令，弹出【Solid Settings】(固态层设置)对话框，然后点击【Make Comp Size】，设定【Color】颜色为蓝色，单击【OK】按钮，如图3-1-2所示。如法炮制，创建灰色和白色的固态层，如图3-1-3和图3-1-4所示。在时间线编辑区中，依次按顺序排列好，如图3-1-5所示。

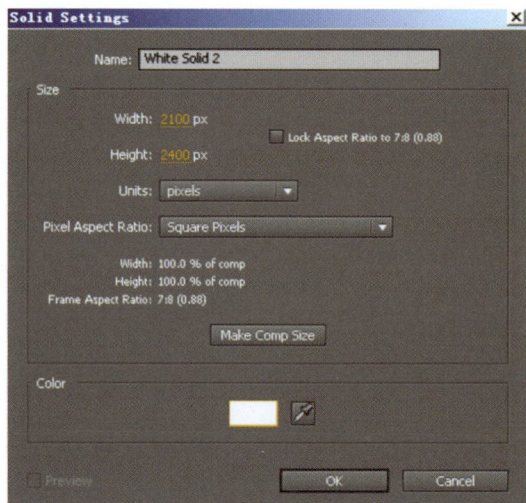

图3-1-4

图3-1-5

用Mask创建遮罩

03. 在时间线编辑区中，关掉白色固态层前的 👁 按钮，选择工具栏中的【Rectangle Tool】工具[①]，如图3－1－6所示。点击灰色固态层，画一个遮罩，并调好位置，如图3－1－7所示。展开灰色固态层的【Mask1】并勾选【Inverted】反转，如图3－1－8所示。在预览窗口中观看效果，如图3－1－9所示。

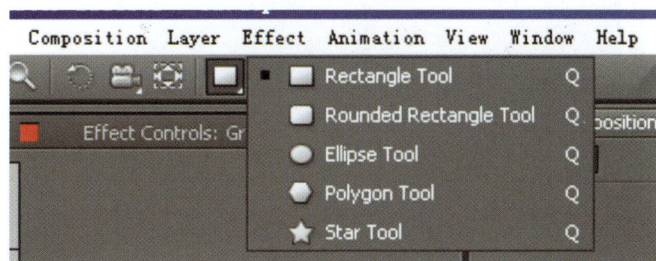

图3－1－6

图3－1－8

04. 在时间线编辑区中，激活白色固态层并同时关闭灰色和蓝色层前的 👁 按钮，点击白色固态层，使用【Rectangle Tool】工具，在白色固态层画上一个mask，调整好mask的位置，如图3－1－10所示。展

图3－1－10

图3－1－7

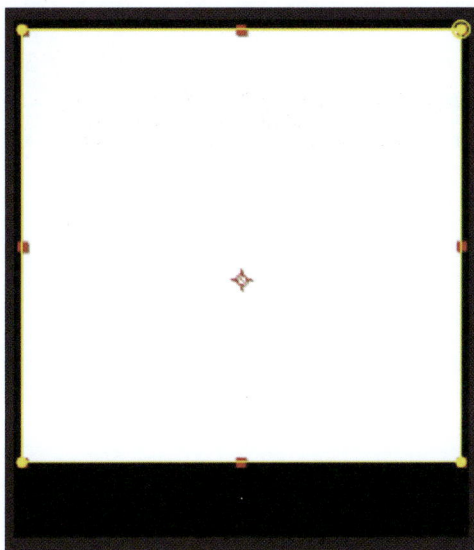

图3－1－9

开白色固态层的【mask 1】，选择mask 1，并按【Ctrl+D】，复制一个mask 2，如图3－1－11所示。在预览窗口中观看效果，如图3－1－9所示。

图3－1－11

05. 将【mask 2】的叠加模式改为"subtract"②，设置好mask 2的mask expansion值，【mask expansion】数值为"-33.0 Pixels"，如图3-1-12所示。效果如图3-1-13所示。

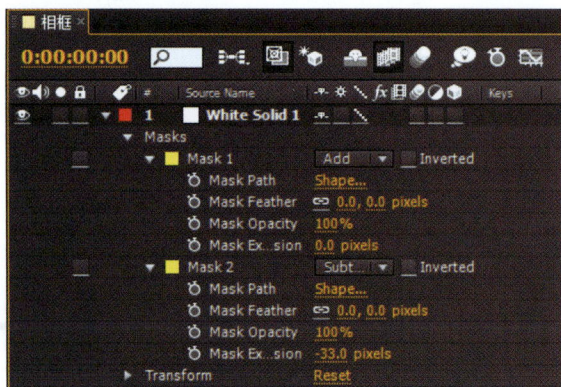

图3-1-12

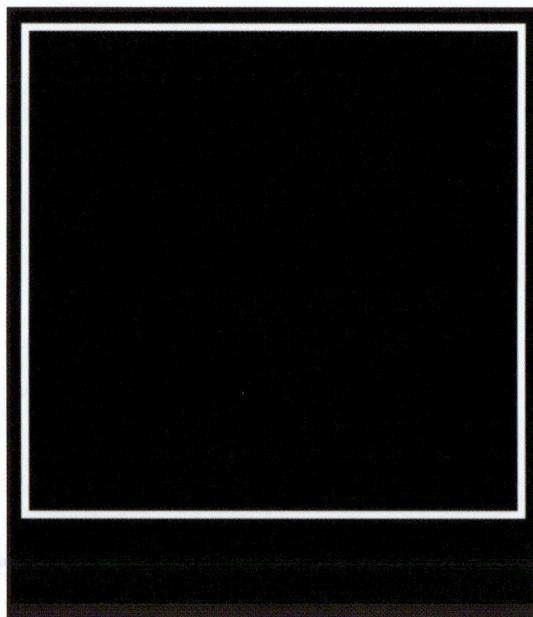

图3-1-13

06. 激活所有层前的 👁 按钮，观看最终相框效果图如图3-1-14所示。

图3-1-14

3.2 模拟制作任务 —— 如何制作绚丽的片尾背景画面片花

任务要求

通过后期软件的处理手段和技术方法，运用软件本身的工具制作绚丽的背景画面。

任务参考效果图

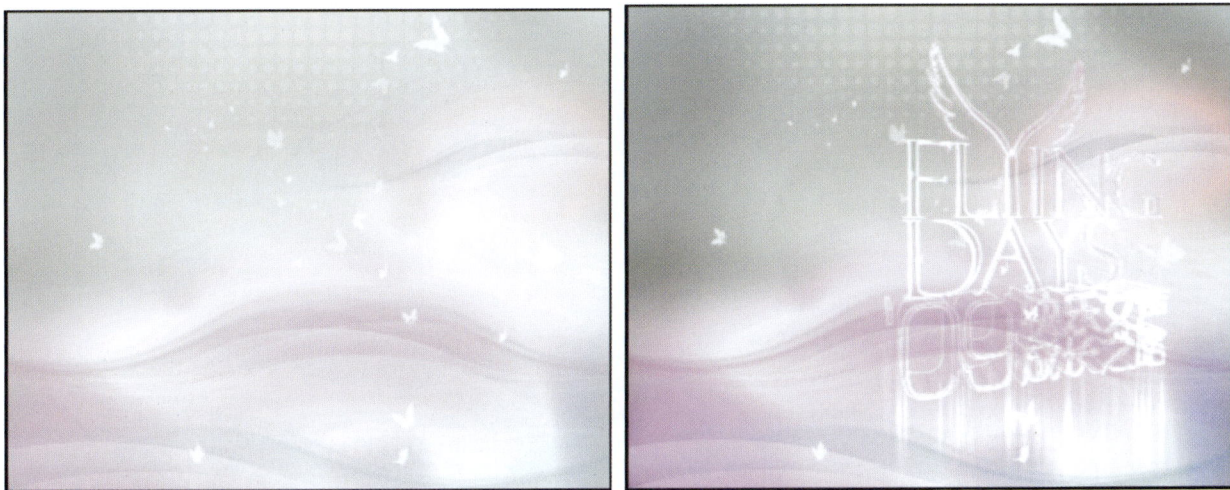

能力目标

■ 掌握使用软件基本工具与特效工具来设计创建绚丽的背景画面

软件知识目标

■ PSD文件的导入

■ 4-Color Gradient、Blur和Find Edges特效的应用

■ 层叠加概念与应用

■ 关键帧动画的应用

制作背景

01. 选择【File】>【Import】>【File】命令，弹出【Import File】（导入素材）对话框，选择"定版.PSD"素材文件，单击【打开】按钮，如图3-2-1所示。然后在弹出的【定版.PSD】的设置窗口中，设置【Import Kind】为"Composition – Retain Layer Sizes"，在弹出的对话框中单击【OK】按钮，完成PSD素材的导入[3]，如图3-2-2所示。

图3-2-1

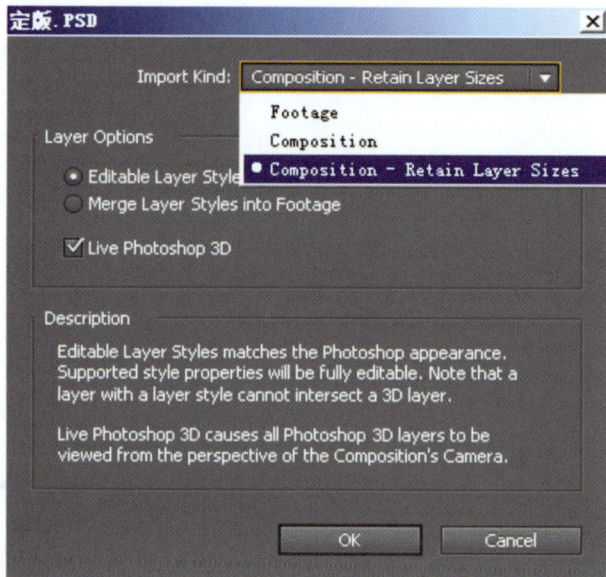

图3-2-2

02. 在【Project】素材管理区中双击合成窗口"定版"将其展开，如图3-2-3所示。在时间线编辑区中，查看时长是否为30秒，或【Ctrl+K】调出【Composition Settings】对话框，把【Duration】（时长）设定为"30"秒，单击【OK】按钮，完成项目工程文件的设置。如图3-2-4所示。

图3-2-3

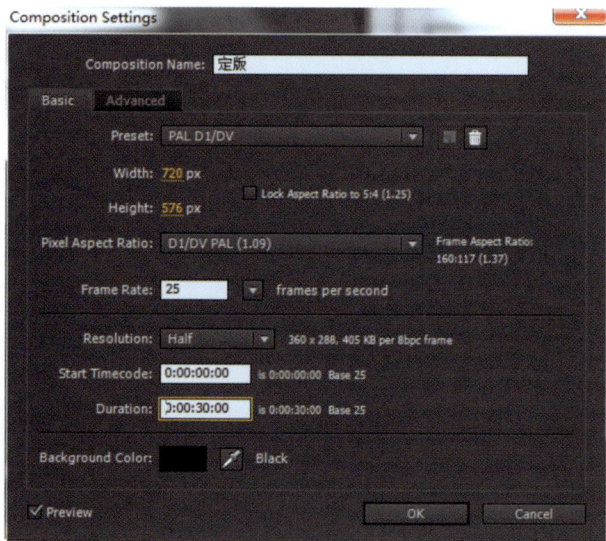

图3-2-4

03. 返回时间线编辑区，选择彩条合成层，按【Ctrl+D】复制一层"彩条2"，关闭除"彩条"、"彩条2"和底纹之外其他层前的👁️按钮，如图3-2-5所示。

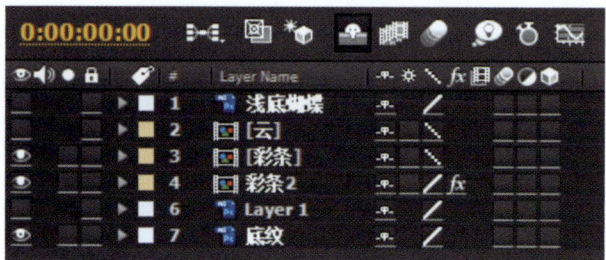

图3-2-5

添加特效

04. 给"彩条2"合成层增加一个4色渐变（4-Color Gradient）和模糊Blur特效。在时间线编辑区中，选择"彩条2"合成层，点击【Effect】>【Generate】>【4-Color Gradient】命令，再点击【Effect】>【Blur & Sharpen】>【Box Blur】命令。

05. 在特效编辑区调整【4-Color Gradient】④的参数，改变【Color 2】的颜色为红色，更改【Blending Mode】的叠加模式为"Normal"。调整【Box Blur】的参数，更改【Blur Radius】的值为"20"；【Iterations】的值为"13"，如图3-2-6所示。

图3-2-6

06. 在时间线编辑区中，选择做了特效的"彩条2"合成层，【Ctrl+D】再复制一层取名为"彩条3"，修改"彩条2"的叠加模式为"Hard Light"，"彩条3"的叠加模式为"Add"⑤，如图3-2-7所示。

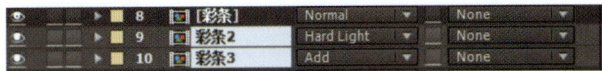

图3-2-7

07. 在时间线编辑区中，点选"彩条"和"彩条2"合成层，按下快捷键【T】调节彩条合成层的【Opacity】透明度，"彩条"透明度值为"42%"，"彩条2"透明度值为"40%"，如图3-2-8所示。在预览窗口中观看调整完以后的效果，如图3-2-9所示。

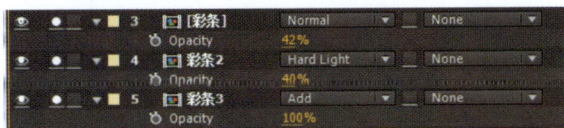

图3-2-8

图3-2-9

调整浅底蝴蝶并设置动画

08. 在时间线编辑区中，激活浅底蝴蝶层前的 👁 按钮，给浅底蝴蝶层增加一个旋转动画，点选"浅底蝴蝶"素材层，按快捷键【R】为Rotation设置旋转动画，将时间线光标调整至0帧处，将Rotation之前的 ⏱ 关键帧记录器激活，激活后的按钮变为 ⏱，在时间线中会相应出现关键帧（菱形）标志，表示数值已被记录。将关键帧数值调整为"0.0°"，在时间线编辑区中将时间光标移至"0：00：29：24"，关键帧数值调整为"100.0°"，修改"浅底蝴蝶"的叠加模式为"Linear Dodge"，如图3-2-9所示。

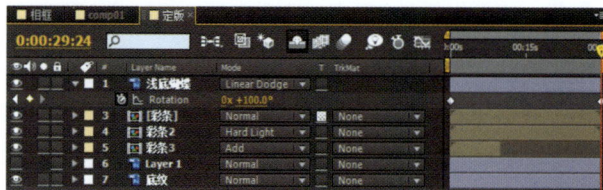

图3-2-9

09. 在时间线编辑区中，点选"浅底蝴蝶"素材层，按下快捷键【T】调节彩条合成层的【Opacity】透明度值为"87%"，如图3-2-10所示。在预览窗口中观看调整完以后的效果，如图3-2-11所示。

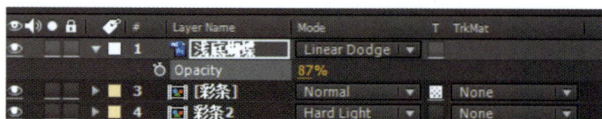

图3-2-10

图3-2-11

合成旋转LOGO

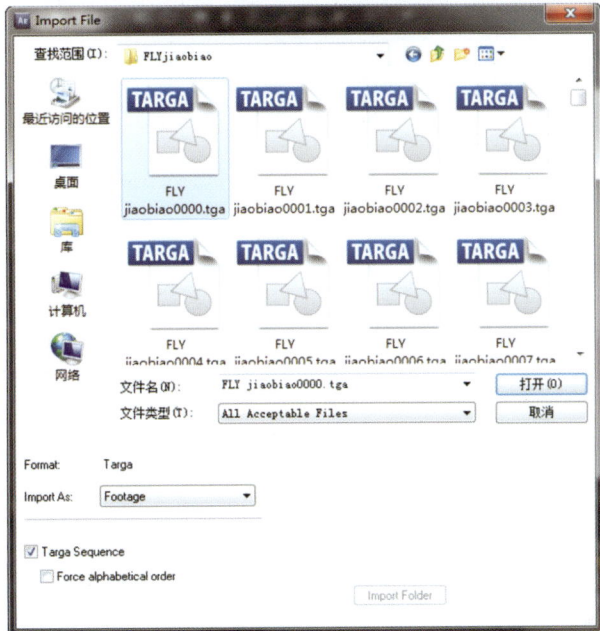

图3-2-12

10. 导入名为FLY jiaobiao的序列图片，选择【File】>【Import】>【File】命令，弹出【Import File】（导入素材）对话框，选择"FLY jiaobiao0000.tga"素材文件，注意勾选下方的【Targa Sequence】选项[6]，单击【打开】按钮，如图3-2-12所示。然后在弹出的设置窗口中，选择"Straight-Unmatted"，单击【OK】按钮，完成FLY jiaobiao素材的导入，如图3-2-13所示。

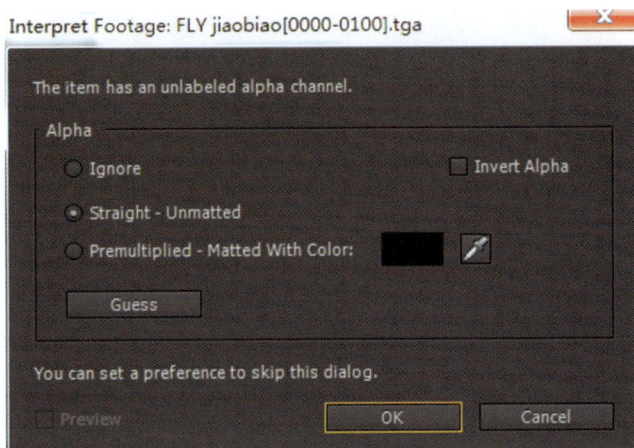

图3-2-13

11. 更改FLY jiaobiao的图层帧率速。在Project素材管理区选中素材"FLY jiaobiao"，再单击右键菜单，选择【Interpret Footage】>【Main...】[7]，如图3-2-14所示。在弹出的对话框中，将【Frame Rate】下的【Assume this frame rate】设定为"25frames per second"，将【Other Options】下的【Loop】设定为"10 Times"。如图3-2-15所示。

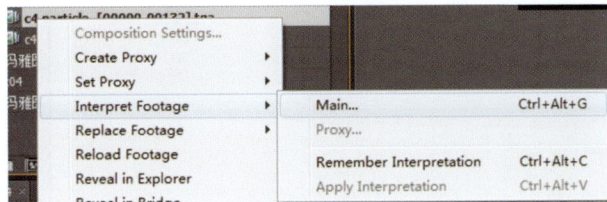

图3-2-14

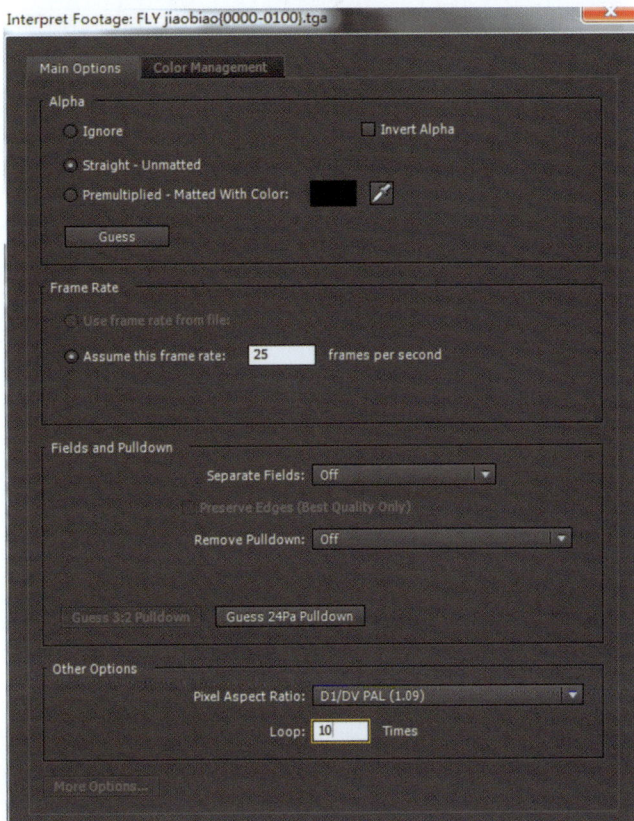

图3-2-15

12. 在【Project】素材管理区选中素材 FLY jiaobiao,拖动到时间线编辑区中,并与零帧位置对齐,调整好位置,按下快捷键【P】调整"FLY jiaobiao",【Position】参数为"495.1, 259.8",如图3-2-16所示。

图3-2-16

13. 在时间线编辑区中,点选"FLY jiaobiao"序列图层,按下快捷键【Enter】将"FLY jiaobiao"改名为"logo"并更改叠加模式为Add,如图3-2-17所示。在预览窗口中观看调整完以后的效果,如图3-2-18所示。

图3-2-17

图3-2-18

14. 给"logo"序列图层增加一个Find Edges特效。在时间线编辑区中,选择"logo"序列图层,点击【Effect】>【Stylize】>【Find Edges】[8]命令。在特效编辑区调整【Find Edges】的参数,勾选【Invert】。如图3-2-19所示。

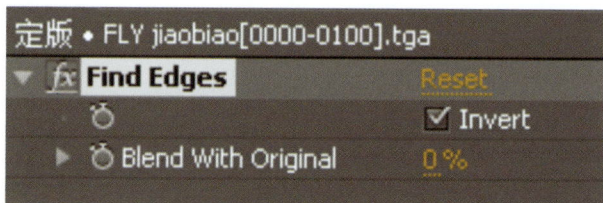

图3-2-19

15. 在时间线编辑区中,选择"logo"序列图层,【Ctrl+D】再复制一层取名为"logo 2",修改"logo 2"的叠加模式为"Luminosity"[9](1),如图3-2-20所示。在时间线编辑区中,框选"logo"和"logo 2"序列图层,按下快捷键【T】调节序列图层的【Opacity】透明度,"logo"透明度值为"9%","logo 2"透明度值为"2%",如图3-2-21所示。在预览窗口中观看调整完以后的效果,如图3-2-22所示。

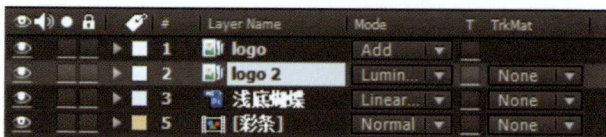

图3-2-20

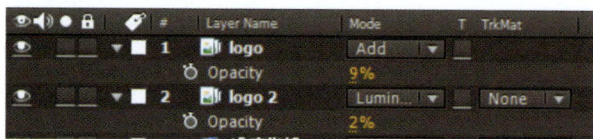

图3-2-21

图3-2-22

70

用固态层制作滤色片

16. 由于效果太亮，需要加一个滤色片来降低背景整体的亮度。新建一个新的灰色固态层，选择【Layer】>【New】>【Solid】命令，弹出【Solid Settings】（固态层设置）对话框，设定名称为"Gray Solid 1"，然后点击【Make Comp Size】，设定【Color】颜色为灰色，RGB值为"R：126，G：126，B：126"，单击【OK】按钮，如图3-2-23所示。

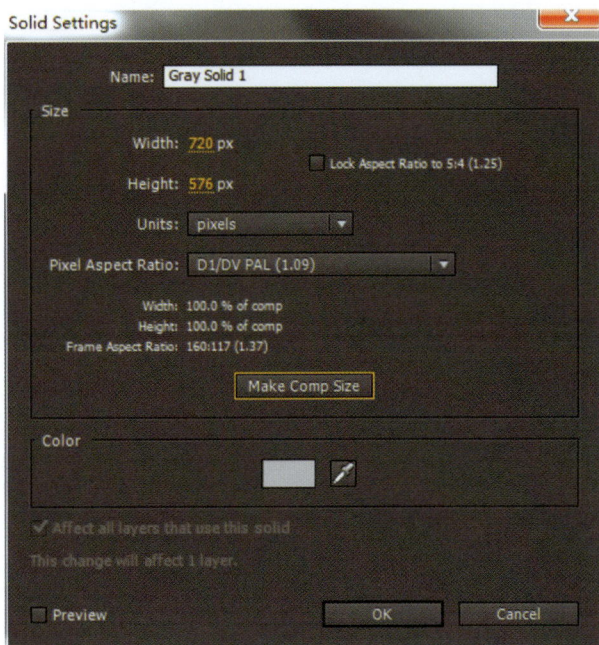

图3-2-23

17. 在时间线编辑区中，点选"Gray Solid 1"固态层，更改叠加模式为"Color Burn"[9] [2]，然后将"Gray Solid 1"层置于"logo"层的上方，如图3-2-24所示。在预览窗口中观看调整完以后的效果，如图3-2-25所示。

图3-2-24

图3-2-25

71

制作LOGO倒影

18. 在时间线编辑区中，选择"logo"序列图层，【Ctrl+D】再复制一层取名为"logo倒影"作为倒影层，放置于"logo2"序列图层的下方。调整"logo倒影"位置，按下快捷键【P】调整"logo倒影"，【Position】参数为"493.0，337.6"，如图3-2-26所示。

图3-2-26

19. 选择工具栏中的【Rectangle Tool】工具，如图3-2-27所示。在时间线编辑区中，单击"logo倒影"层，在合成窗口画出一个Mask矩形遮罩框，在预览窗口中观看效果，如图3-1-28所示。

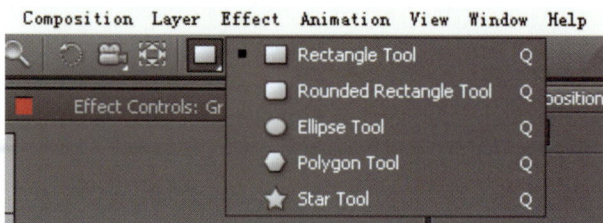

图3-2-27

图3-2-28

20. 展开"logo倒影"层的Mask 1，调整Mask Feather羽化值，【Mask Feather】数值为"72.0，72.0 pixels"，【Mask Opacity】数值为"80%"，如图3-1-29所示。在预览窗口中观看效果，如图3-1-30所示。

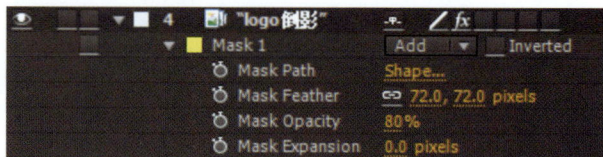

图3-2-29

21. 给"logo倒影"层增加一个Box Blur特效。在时间线编辑区中，选择"logo"序列图层，点击【Effect】>【Blur & Sharpen】>【Box Blur】命令。在特效编辑区调整【Box Blur】的参数，设置【Blur Radius】值为"13.0"，【Iterations】值为"13"，【Blur Dimensions】为"Vertical"。将Box Blur特效放置到Find Edges特效的上方，如图3-2-30所示。

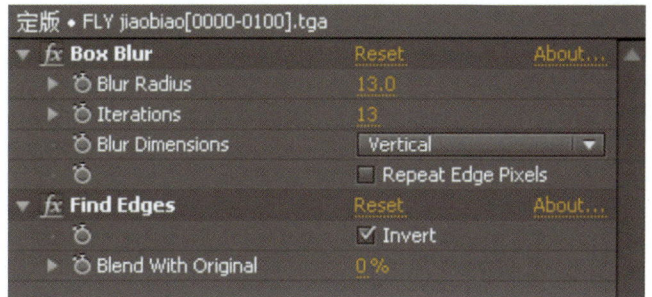

图3-2-30

22. 在时间线编辑区中，点选"logo倒影"序列图层，按下快捷键【T】调节序列图层的Opacity透明度，"logo倒影"透明度值为"18%"，如图3-2-31所示。在预览窗口中观看调整完以后的效果，如图3-2-32所示。

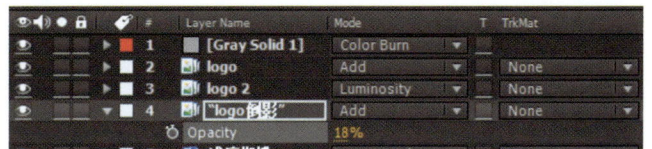

图3-2-31

图3-2-32

73

设置彩条元素动画效果

23. 在"定版"合成窗口的时间线编辑区中，双击"彩条"合成层将其展开，如图3-2-33所示。进入"彩条"合成窗口的时间线编辑区，如图3-2-34所示。

图3-2-33

图3-2-34

24. 在"彩条"合成窗口的时间线编辑区中，把时间线光标调整至0帧处，选择彩条上、中、下三层按下按键【P】调出【Position】并将 🕐 关键帧记录器激活，调整"彩条上"的Position数值为"571.0，169.5"，调整"彩条中"的Position数值为"387.5，431.5"，调整"彩条下"的Position数值为"366.0，559.5"，如图3-2-35所示。

图3-2-35

　　把时间线光标移至0：00：10：00帧处，调整"彩条上"的Position数值为"442.6，169.5"，调整"彩条中"的Position数值为"667.9，431.5"，调整"彩条下"的Position数值为"259.3，559.5"，如图3-2-36所示。

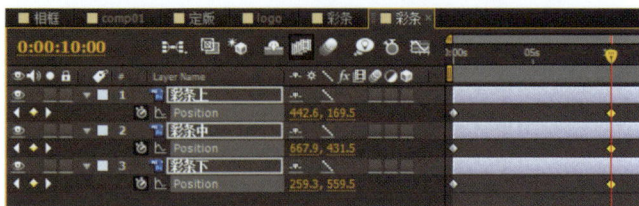

图3-2-36

　　框选"彩条上"0帧和0：00：10：00帧两处的关键帧，按【Ctrl+C】组合键复制关键帧，将时间线光标移至0：00：20：00帧处，并按【Ctrl+V】组合键复制出新的关键帧。如法炮制，复制"彩条中"和"彩条下"的关键帧，如图3-2-37所示。

图3-2-37

3.3 模拟制作任务 —— 如何用文字工具完成背景元素的制作

任务要求

通过后期软件的处理手段和技术方法，运用软件本身的工具制作绚丽的背景画面。

任务参考效果图

能力目标

■ 掌握使用软件基本工具与特效来设计创建绚丽的背景画面

软件知识目标

■ 文本工具的使用

■ 预置文字动画的应用

■ 时间线编辑区扩展属性

■ Keyframe Assistant的使用

用文本工具制作背景字幕线

01. 选择工具栏中的【Horizontal Type Tool】工具,如图3-3-1所示。在"定版"合成窗口预览区内任意处单击激活文字输入光标,在时间线编辑区中会出现新的文字层,如图3-3-2所示。

图3-3-1

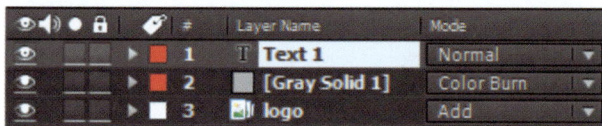
图3-3-2

02. 在预览编辑区内输入"— — — — — — — — — —"并进行排版,位置长度距离参考如图3-3-3所示。选中所有"— — — — — — — — — —",在预览区右侧的文字编辑区中设置其字体参数,设置字体为"FZZhunYuan-M025"(方正准圆),字体大小参数为"10px",行间距为"52px",字间距为"125px",如图3-3-4所示。在文字编辑区单击 颜色设置按钮,弹出【Color】对话框,设置字体的颜色为黑色,如图3-3-5所示,单击【OK】按钮完成设置。

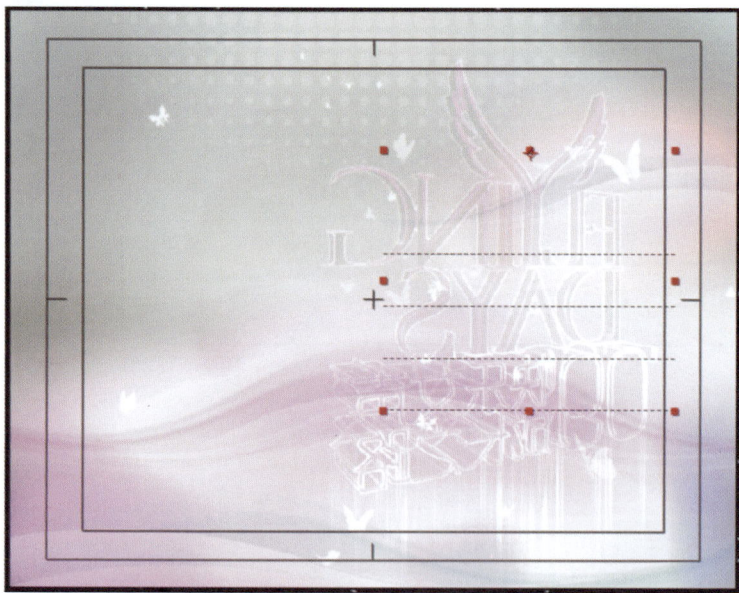
图3-3-3

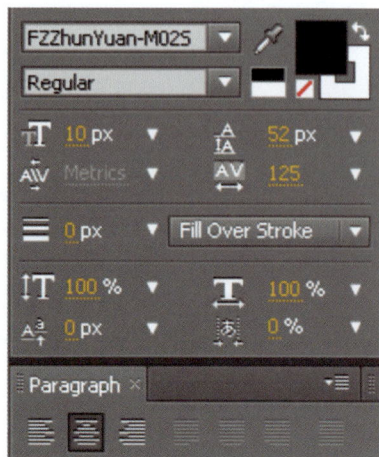
图3-3-4

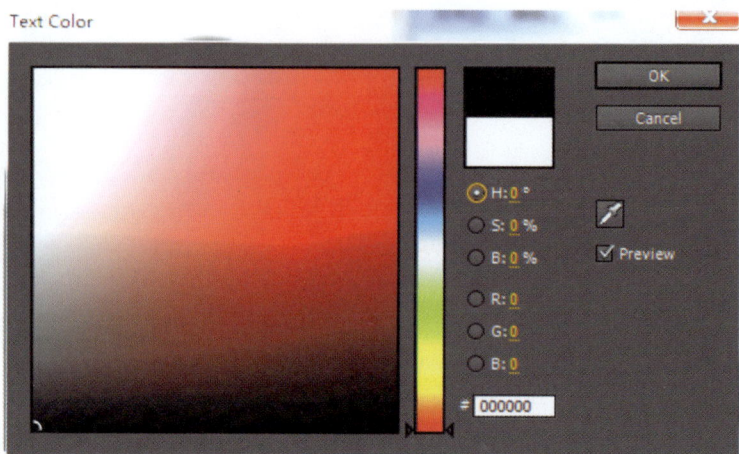
图3-3-5

制作动态文字背景元素

03. 选择工具栏中的【Horizontal Type Tool】工具，在"定版"合成窗口预览编辑区内输入一排"FLYING DAYs"，如图3-3-6所示。选中所有"FLYING DAYs"，在预览区右侧的文字编辑区中设置其字体参数，设置字体为"Myriad Pro"，字体大小参数为"36px"，行间距为"Auto"，字间距为"103px"，如图3-3-7所示。在文字编辑区单击颜色设置按钮，弹出【Color】对话框，设置字体的颜色为白色，单击【OK】按钮完成设置。

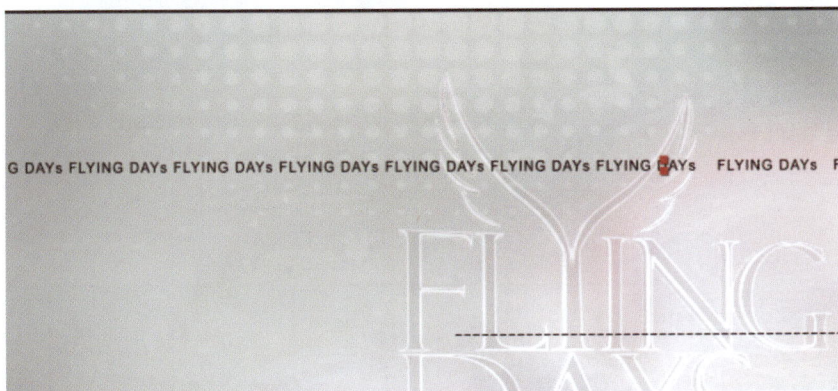

图3-3-6

图3-3-7

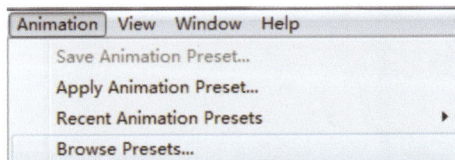

图3-3-8

04. 在时间线编辑区中，把时间线光标调整至0帧处，选择文字层"FLYING DAYs"，点击菜单栏下【Animation】>【Browse Presets...】命令，如图3-3-8所示。稍等片刻会弹出Adobe Bridge，如图3-3-9所示。在【Content】对话框中，进入【Text】>【Paths】文件夹，选择"Ants.ffx"文件，双击将预置效果赋予给"FLYING DAYs"文字层，如图3-3-10所示。在预览窗口中观看添加"FLYING DAYs"预置动画后的效果，如图3-3-11所示。

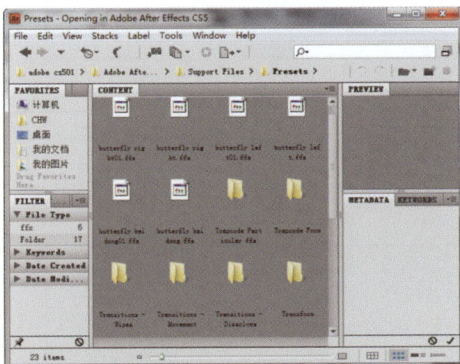

图3-3-9

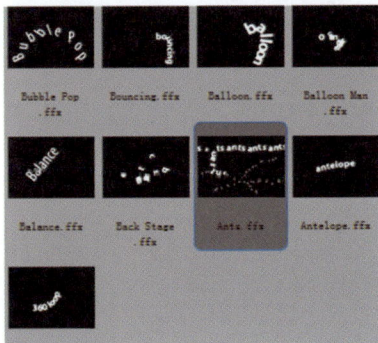

图3-3-10

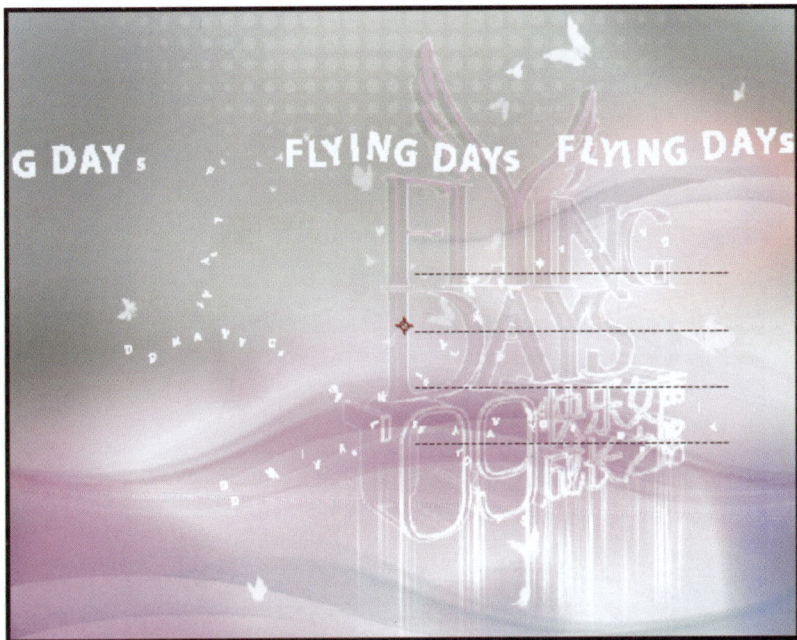

图3-3-11

将相框导入背景合成

05. 在【project】素材管理区选中"相框"合成窗口，如图3-3-12所示。拖动到"定版"合成窗口时间线编辑区中，如图3-3-13所示。

图3-3-12

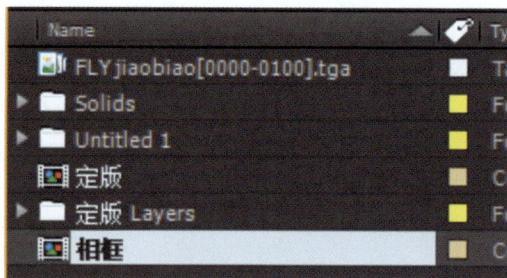

图3-3-13

06. 调整"相框"的缩放旋转和位置。在时间线编辑区中，点击"相框"合成层前的小三角 ▶ 展开Transform，展开后变为 ▼，调整【Anchor Point】参数为"323.6, 56.9"，调整【Position】参数为"172.4, 97.4"，【Scale】参数为"16.4, 14.0%"，【Rotation】参数为"25.0°"，如图3-3-14所示。在预览窗口中观看调整完以后的效果，如图3-3-15所示。

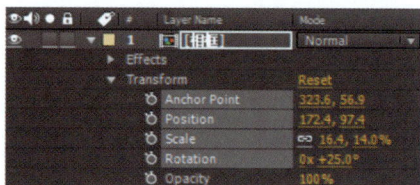

图3-3-14

图3-3-15

07. 给相框增加一个Drop Shadow（阴影）效果，点击【Effect】>【Perspective】>【Drop Shadow】命令。在特效编辑区调整【Drop Shadow】的参数[10]，调节【Opacity】为"68%"，调节【Distance】为"93.0"，调节【Softness】为"230.0"，如图3-3-16所示。在预览窗口中观看调整完以后的效果，如图3-3-17所示。

图3-3-16

图3-3-17

给相框设定关键帧动画

08. 给"相框"合成层增加一个摆动动画。在时间线编辑区中,点击"相框"合成层,按快捷键【R】为Rotation设置旋转动画,将时间线光标调整至0帧处,将Rotation之前的 ⏱ 关键帧记录器激活,激活后的按钮变为 ⏱ ,在时间线中会相应出现关键帧(菱形)标志,表示数值已被记录。将关键帧数值调整为"25.0°",在时间线编辑区中将时间光标移至"0:00:02:00",关键帧数值调整为"30.0°",如图3-3-18所示。

图3-3-18

09. 框选"相框"0帧和0:00:02:00帧两处的关键帧,按【Ctrl+C】组合键复制关键帧,将时间线光标分别移至4秒、8秒、12秒、16秒、20秒、24秒、28秒处,并按【Ctrl+V】组合键复制出新的关键帧。如图3-3-19所示。

图3-3-19

10. 接下来对"相框"摆动动画的关键帧进行圆滑处理。在时间线编辑区中,框选"相框"Rotation的所有菱形关键帧,点击时间线编辑区上方的 Graph Editor(图形编辑)⑪ (1),如图3-3-20所示。在右侧的时间线上,我们可以看到摆动的动画路径以尖角三角形的图形显示,如图3-3-21所示。点击 Graph Editor关闭图形编辑方式,在关键帧显示方式下,框选所有菱形关键帧并在关键帧上单击右键,在弹出的菜单中点击【Keyframe Assistant】>【Easy Ease】⑫ (2),对关键帧进行圆滑处理,如图3-3-22所示。Easy Ease以后的关键帧由 ◆ 变成 ⊗ 。再次点击 Graph Editor打开图形编辑方式,我们可以看到摆动的动画路径变得圆滑了,如图3-3-23所示。

图3-3-20

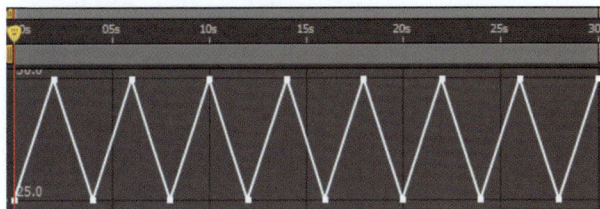

图3-3-21

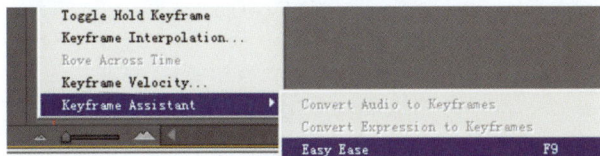

图3-3-22

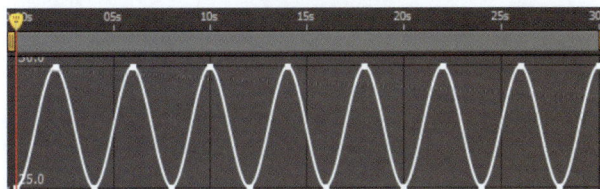

图3-3-23

3.4 模拟制作任务 —— 如何用抠像工具完成相框蓝屏抠像

　　根据栏目制作需求，在每期片尾需要出现当期的一些精彩画面，因此在包装设计制作时，需要考虑到画面的更替问题，不能是固定的视频一成不变，在这里使用扣像背景合成相关技术，将片尾制作成一个嵌套模板，能够很好地解决后期编导每期需要更换视频画面的问题。

任务要求

　　使用Color Key完成蓝屏抠像，抠像边缘要干净。制作成带Alpha通道的视频输出，视频制式为PAL/D。

任务参考效果图

能力目标

■ 掌握使用软件的抠像特效合成的应用

软件知识目标

■ 在【Project】素材管理区创建合成窗口
■ Color Key的使用
■ ape工程文件的导入与应用
■ 带Alpha通道的视频文件输出设置

新建工程文件导入素材并设置

01. 在【Project】素材管理区中选中素材"定版",并将素材拖至窗口下方的 按钮上,如图3-4-1所示。建立一个与素材尺寸大小相同的合成窗口,按【Ctrl+K】调出【Composition Settings】对话框,把【Composition Name】取名为"相框抠像",单击【OK】按钮,完成项目工程文件的设置。

图3-4-1

抠像操作

02. 在时间线编辑区中,选择"定版"合成层,点击【Effect】>【Keying】>【Color Key】命令。在特效编辑区调整【Color Key】⑫的参数,点击【Key Color 】右边的 吸管工具,在预览窗口里吸取相框内的蓝色作为抠像颜色,调整【Edge Thin】参数为"1",如图3-4-2所示。在预览窗口中观看调整完以后的效果,如图3-4-3所示。我们会发现相框中的蓝色变成了黑色,找到合成预览窗口下方的 显示透明网格点击激活,再次观看预览窗口中的效果,如图3-4-4所示。我们会直观地看见相框中的蓝色已被去除,变成了透明的网格。

图3-4-3

图3-4-2

图3-4-4

给相框添加一个蝴蝶翅膀元素

03. 导入蝴蝶翅膀的工程文件。选择【File】>【Import】>【File】命令，弹出【Import File】（导入素材）对话框，选择"蝴蝶.ape"素材文件，单击【打开】按钮。

04. 在【Project】素材管理区中选中"蝴蝶"，如图3-4-5所示。拖动到"相框抠像"的合成窗口的时间线上并与零帧对齐。调整好翅膀的位置、大小、旋转。按下快捷键【P】、【S】和【R】调整"翅膀"，【Position】参数为"495.1，259.8"，【Scale】参数为"33.7, 33.7%"，【Rotation】参数为"-16.0°"，如图3-4-6所示。在预览窗口中观看调整完以后的效果，如图3-4-7所示。

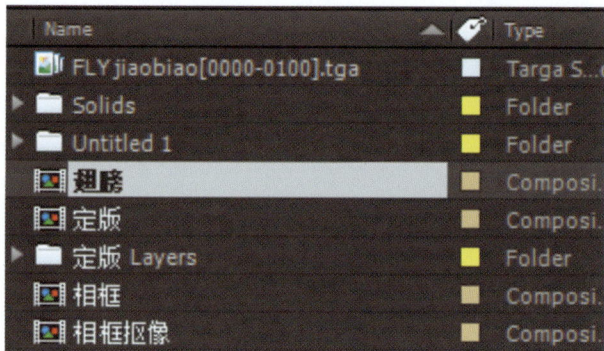

图3-4-5

图3-4-6

图3-4-7

创建渲染并设置输出

05. 在时间线编辑区中，将时间线光标调整至"0：00：30：00"，按下快捷键【N】，设定时间工作区域的出点，选择【Composition】>【Make Movie】命令，弹出【Render Queue】[13]对话框，如图3-4-8所示。点击【Output Module】旁的【Lossless】，弹出【Output Module Settings】设置框，将【Video Output】下【Channels】设置为"RGB+Alpha"，点【OK】，如图3-4-9所示。点击【Output To】，弹出【output Movie To】设置框，确定最终输出视频的文件名和保存路径，点保存完成设置。

图3-4-8

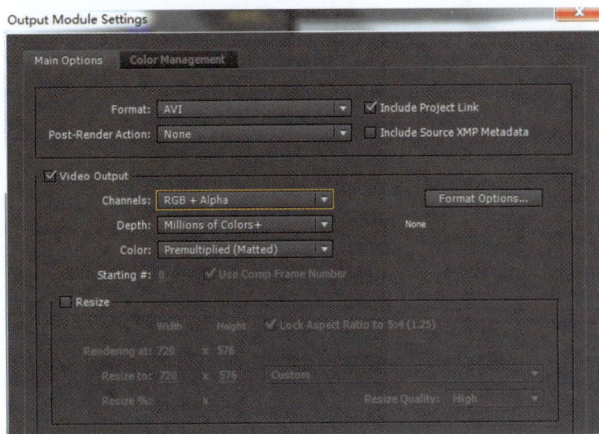

图3-4-9

06. 按【Ctrl+S】组合键保存名为"快女片尾"的项目工程文件。最后点【Render Queue】对话框中的Render渲染完成带Alpha通道的视频文件输出。

3.5 模拟制作任务——————— 独立完成字幕部分的制作

　　电视栏目片尾"快乐女声成长之路"背景视频已制作完成，但是作为一个片尾最为重要的环节——以字幕形式出现的栏目职员表及版权信息还未完成，因此接下来我们需要大家用已学知识来独立完成字幕部分的制作，向观众展示栏目的演职人员表以及栏目版权信息等。

任务要求

　　用预置文字动画完成片尾字幕的添加。

　　要求字体选用HYManBuJ，颜色值为：#E621AA，字体大小25px，行间距50px，字间距10px，文字对齐为右靠齐方式。每一版字幕显示时常控制在2秒15帧的长度。字幕显示不要超出文字安全框。输出视频制式为PAL/D。

任务参考效果图

3.6 知识拓展点

① 添加Mask的类型和Mask的基本操作

(1) Mask的图形

Mask的自带图形是Adobe After Effects CS5预设的一些基本的
Mask图形，如图3-6-1所示。

Rectangle Tool	Q
Rounded Rectangle Tool	Q
Ellipse Tool	Q
Polygon Tool	Q
Star Tool	Q

图3-6-1

【Rectangle Tool】：方形工具。

【Rounded Rectangle Tool】：倒角方形工具。

【Ellipse Tool】：圆形工具。

【Polygon tool】：多边形工具。

【Star tool】：五角星形工具。

(2) Mask钢笔工具

Mask钢笔工具是无规则随意编辑的Mask工具，可以利用钢笔工具对不
规则的选取进行划定，如图3-6-2所示。[①]

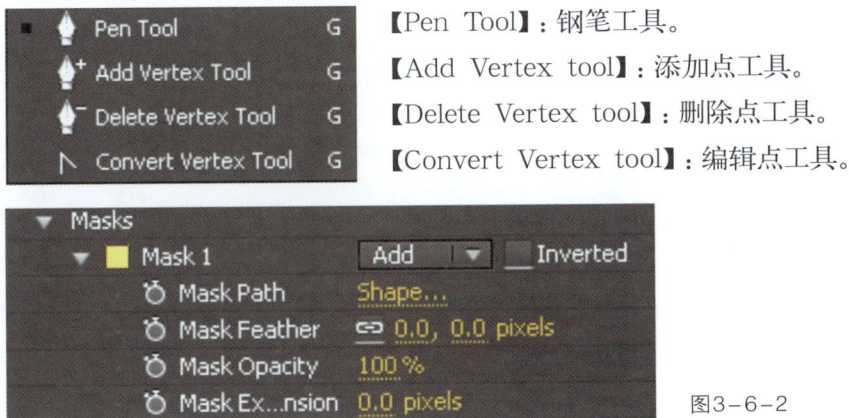

Pen Tool	G
Add Vertex Tool	G
Delete Vertex Tool	G
Convert Vertex Tool	G

【Pen Tool】：钢笔工具。

【Add Vertex tool】：添加点工具。

【Delete Vertex tool】：删除点工具。

【Convert Vertex tool】：编辑点工具。

Masks
  ▼ ■ Mask 1   Add ▼ □ Inverted
    Mask Path   Shape...
    Mask Feather 0.0, 0.0 pixels
    Mask Opacity 100 %
    Mask Ex...nsion 0.0 pixels

图3-6-2

② Subtract相剪叠加模式

【Subtract】为相减模式，这个模式和ADD如出一辙，下层显示对象的
像素值减去上层显示对象的像素值，结果最小为0，如图3-6-3所示。

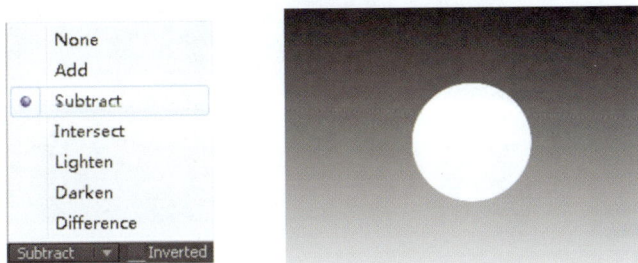

None
Add
● Subtract
Intersect
Lighten
Darken
Difference

Subtract ▼ Inverted

图3-6-3

☆ 经验

① 在影视后期制作中，Mask的应用十分广泛，在需要绘制一些简单的图形或者是在一些复杂的场景中选择需要的局部画面时，Mask的功能就很好地体现出来。在编辑和制作Mask的时候要对Mask的基本参数进行调整。

③ "导入PSD素材"的形态

（1）合并图层后导入

选择【File】>【Import】>【File】命令②导入PSD格式的文件素材后，在设置对话框中默认的导入方式为【Footage】，如图3-6-4所示。可以将分层文件合并导入【Project】中，如图3-6-5所示。选择直接导入的素材大小与原图相同，像素比例为1:1。

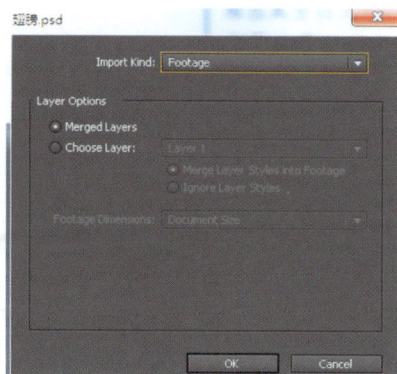
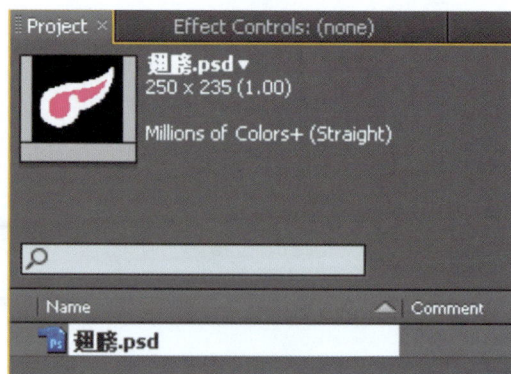

图3-6-4　　　　　　　　　　　　　图3-6-5

（2）导入PSD文件为图层

选择导入PSD文件素材后，选择【Footage】模式，在【Layer Options】栏中选中【Choose Layer】单选按钮③，可以选择PSD素材中的单独某个图层，并可以选择导入至【Comp】中的这个图层尺寸为原PSD整体文件大小或是该图层自身的大小④，如图3-6-6所示。

（3）作为项目工程文件导入素材

选择导入PSD文件素材后，在设置对话框中选择导入方式为【Composition】，在【Layer Options】选项组中可以设置层的有关属性⑤，如图3-6-7所示。

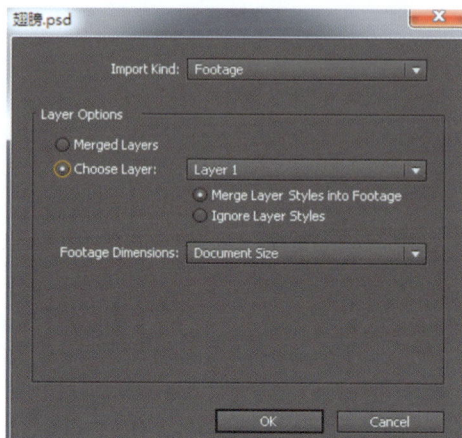
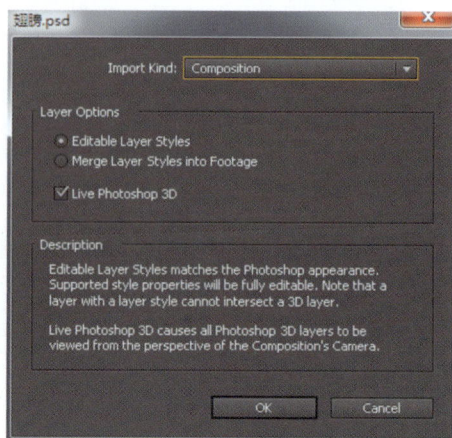

图3-6-6　　　　　　　　　　　　　图3-6-7

86

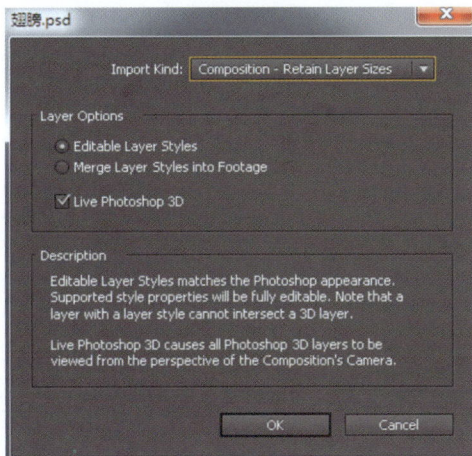

图3-6-8

如果选择导入方式为【Composition-Retain Layer Sizes】[6]，在【Layer Options】选项组中同样可以设置层的有关属性，如图3-6-8所示。

【Composition】与【Composition-Retain Layer Sizes】同样是以【Comp】模式导入素材，区别在于【Composition】导入的PSD素材，在After Effects CS5中每个图层的大小都与【Comp】窗口大小相同；选择【Composition-Retain Layer Sizes】模式导入后，在After Effects CS5中每个图层的大小都将保留原始大小。另外，选择【Composition】模式导入的素材中各层的中心点为PSD文件的中心点，而【Composition-Retain Layer Sizes】导入的素材中各层文件的中心点为自身的中心点。

☆经验

[6]选择【Composition】导入的素材分层的中心点为PSD文件的中心点，而【Composition Retain Layer Sizes】导入的素材分层文件的中心点是自身的中心点。

④ 【4-Color Gradient】特效

为四色渐变特效。【Positions & Colors】为位置与颜色设置，【Point1】为第一个色彩渐变点，【Color1】为第一个渐变色设置，依此类推。【Blend】为融合参数。【Jitter】为图像跳动设置。【Opacity】为透明度设置。【Blending Mode】为叠加模式选择，展开设置栏，可以根据制作需要选择叠加模式，如图3-6-9所示。

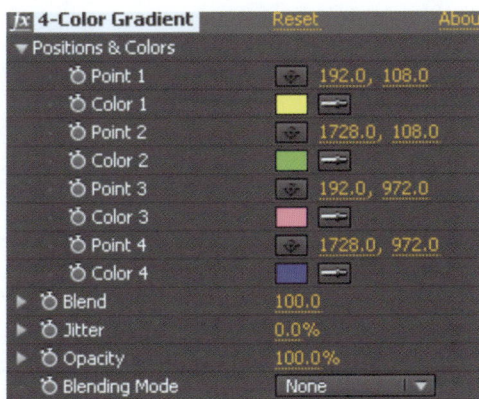

图3-6-9

⑤ Hard Light、Add叠加模式

(1) 【Hard Light】

为强光模式，根据亮度或者暗度的像素值而会产生不同的结果，如图3-6-10所示。

(2) 【ADD】

为变亮模式。目标像素值是上下两层显示对象的像素值相加的结果，这个结果的最大值是255，如图3-6-11所示。

图3-6-10　　　　　图3-6-11

⑥ Targa Sequence序列文件的导入与设置

选择导入命令后，在弹出的对话框后，选择第一个序列文件。对话框下方的Sequence选项被激活，如图3-6-12所示。选择该项，系统以序列文件方式导入素材，导入的序列图片在时间编辑区中显示为 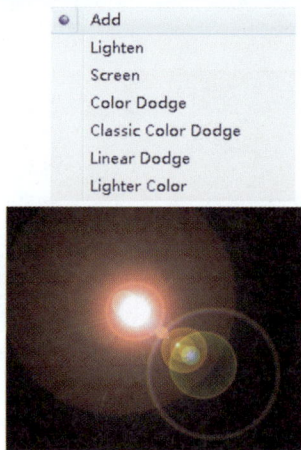。如果需要按照字母顺序导入序列图片，可以选中Force alphabetical order。⑦如果只需要序列图片中的一部分，框选需要导入对象，选择Sequence，即可导入。对话框下方会显示导入的序列图片编号。

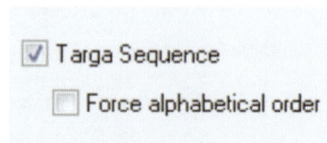

图3-6-12

⑦ 【Interpret Footage>Main】影片阐释>常规设置

在【Interpret Footage】>【Main】对话框中，对选中的层可根据个人需要进行设置，该对话框用于对素材进行解释，在这个【Interpret Footage】>【Main】中可以查看素材项目的通道、帧速率、像素宽高比、循环以及显示颜色等信息。该对话框由【Alpha】选项、【Frame Rate】选项、【Fields and Pulldown】选项、【Other Options】选项四部分组成。

【Alpha】为Alpha通道设置。

【Frame Rate】帧速率设置。

【Fields and Pulldown】为场设置。

【Other Options】为其他设置，分为两部分，其中【Pixel Aspect Ratio】为图像像素高宽比设置，【LOOP】为循环次数设置，当素材的持续时间短于合成图像的总时间时，After Effects可以对视频素材进行循环播放。

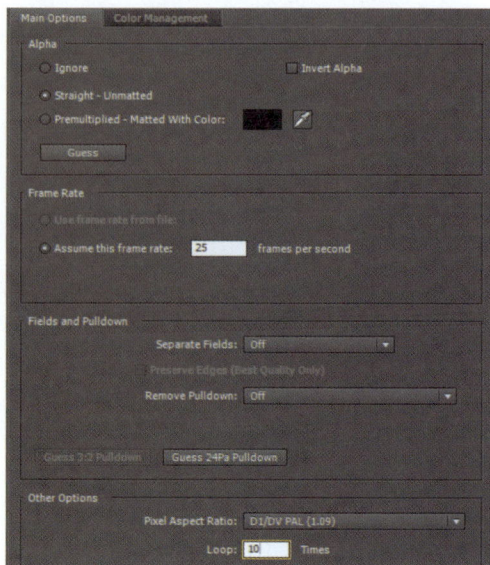

图3-6-13

⑧ Find Edges效果应用

【Blend With original】为设置混合程度, 如图3-6-14。

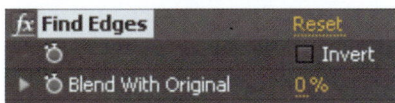

图3-6-14

⑨ Luminosity、Color burn叠加模式

（1）【Luminosity】

为亮度模式能够使用"混合色"颜色的亮度值进行着色, 而保持"基色"颜色的饱和度和色相数值不变, 如图3-6-15所示。

（2）【Color Burn】

为颜色加深。这个模式, 会加暗图层的颜色值, 加上的颜色越亮, 效果越细腻[⑧], 如图3-6-16所示。

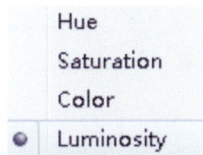

图3-6-15

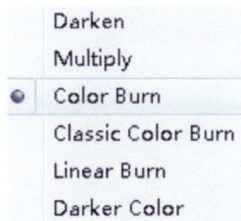

图3-6-16

⑩ Drop shadow特效

在视频中, 人或物体的阴影投射在另一表面上的情形称为投影。

【Shadow Color】阴影颜色: 点击 颜色方框会出现颜色选项, 使用吸管工具则选取鼠标所在位置的颜色, 如图3-6-17、图3-6-18所示。

【Opacity】阴影透明度: 数值越小, 阴影显示透明度越低。

【Direction】阴影方向: 阴影投射在本体360°周围的任意位置。

【Distance】阴影距离: 阴影与本体的距离。

【softness】阴影柔化: 数值越高, 阴影越柔和[⑨]。

【Shadow Only】: 仅显示阴影。

图3-6-17

图3-6-18

⑪ Graph Editor、Easy Ease介绍

（1）【Graph Editor】

动画曲线编辑器在时间线编辑区的工作栏中，单击Timeline（时间线）窗口中的【Graph Editor】按钮，可以从Layer Bar（图层条）模式切换到曲线编辑器模式。可以使用它来对帧进行完全的可视化控制，并且可以方便地跨图

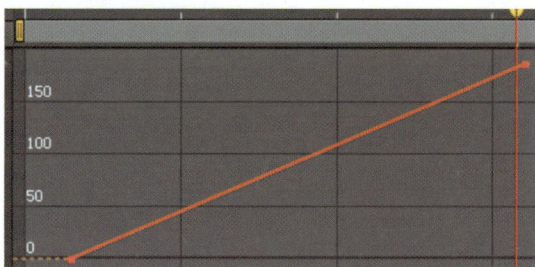

图3-6-19

层同步动画属性，从而能够制作出更加精确的动画效果，如图3-6-19所示。

曲线编辑器的功能包括对效果和动画进行查看和操作，可以在其中改变效果的属性值以及对关键帧和插值进行控制。曲线编辑器以二维曲线的形式表现效果与动画的变化，并在上方水平显示回放时

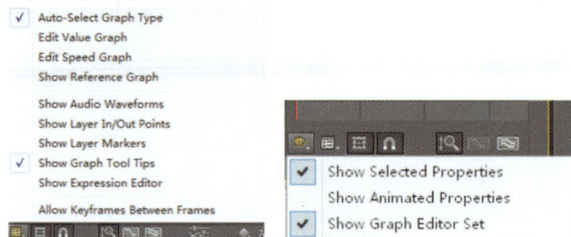

图3-6-20

间（从左到右）。而图层条模式只能在上方水平显示时间，却不能直观地看到属性值的变化。在曲线编辑器中有两种曲线：一种是数值曲线，用于表现各属性的数值；另一种是速度曲线，用于表现各属性值改变的速度。如果想切换不同的曲线类型，可以单击曲线编辑器左下方的"Choose Graph Type and Options"（选择曲线类型与选项）按钮，然后从菜单中选择"Edit Value Graph"（编辑数值曲线）或"Edit Speed Graph"（编辑速度曲线），如图3-6-20所示。

在曲线编辑器中，每种属性都有自己的曲线。我们可以一次查看与处理一个属性，也可以同时查看与处理多个属性。当曲线编辑器中显示两个或两个以上属性时，每个属性的曲线都会与左边图层中相应的属性值显示出相同的颜色。

在曲线编辑器中可以进行如下操作。单击曲线编辑器左下方的"Show Properties"（显示属性）按钮，然后如图3-6-20所示；弹出菜单中选择如下选项，可以选择在曲线编辑器中显示何种属性：【Show Selected Properties】为显示所选属性；【Show Animated Properties】为显示所选图层的动画属性；【Show Graph Editor Set】为显示曲线编辑器集。

（2）【Easy Ease】

动画曲线编辑器中，可以看到不同的设置对关键帧运动有不同效果。【Easy Ease】为普通平滑；【Easy Ease In】为入点平滑；【Easy Ease

Out】为出点平滑，如图3-6-21所示。

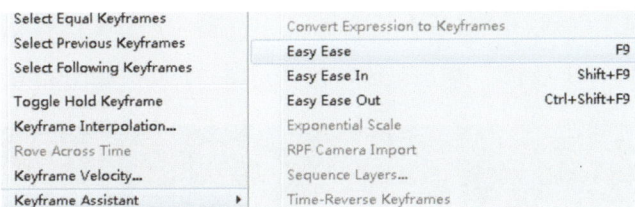

图3-6-21

⑫Color Key抠像操作

在进行合成时，我们经常需要将不同的对象合成到一个场景之中。使用Alpha通道可以完成合成。但是，仅使用Alpha通道进行合成的影片很少。双击素材管理窗口。选择将"抠像素材"以序列方式导入。以导入的序列文件，创建一个匹配的合成窗口 ⑩，如图3-6-22所示。

选择菜单执行【Effect】>【Keying】>【Color key】命令，如图3-6-23所示。

图3-6-22

图3-6-23

点击 Key Color 中的吸管试管，在预览窗口点击黑色部分，一个简单的抠像特效就制作完成，如图3-6-24所示。

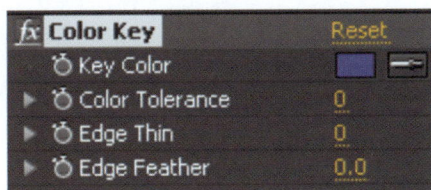

图3-6-24

☆技巧

⑩颜色范围键控通过键出指定的颜色范围产生透明，可以应用的色彩空间包括Lab、YUV和RGB。这种键控方式，可以应用在背景包含多个颜色、背景亮度不均匀和包含相同颜色的阴影。

91

☆技巧

⑪在实际制作中有时需要进
行各种测试渲染,比如为了
提高工作效率只渲染动画中
一个单帧,进行判断最终的
效果,或输出带有透明通道
的序列图片进行合成,直至
最终满意。
在AE中【Render Queue】窗
口就是对视频进行渲染输
出设置的窗口。

☆技巧

⑫渲染Camera 1的视角,就
把这个视角全部交给总渲染
窗口Active Camera,就是让
Camera 1摄像机的轨道从
时间头到时间尾全部充满,
而且放在视频轨道最上面,
这样Active Camera就只能
看到Camera 1摄像机就自然
渲染Camera 1了,所以渲染始
终都是Active Camera。

☆技巧

⑬可以选择渲染所有代
理、或只渲染合成项目中
的代理、或不渲染任何代
理。

⑬ 【Render Queue】对话框的介绍

当视频制作完成,在菜单中执行【Composition】>【Make Movie】命令,【Ctrl+M】(快捷键)将Render Queue窗口打开,如图3-6-25所示⑪。

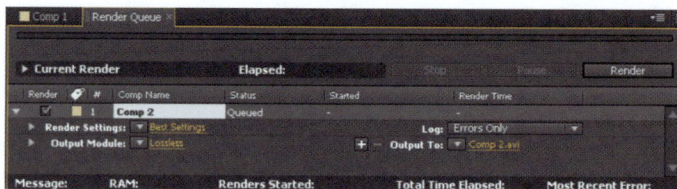

图3-6-25

【Current Render】:当前渲染任务

【Elapsed】:已渲染用时

【Stop】:放弃渲染

【Pause】:暂停渲染

【Render】:渲染

渲染设置模块介绍如下。

在创建合成窗口时,已经为合成项目设置了显示质量和分辨率。在【Render Queue】窗口中执行【Render Settings】>【Best Settings】命令,再根据输出需要进行更多的选项设置或更改设置⑫,如图3-6-26所示。

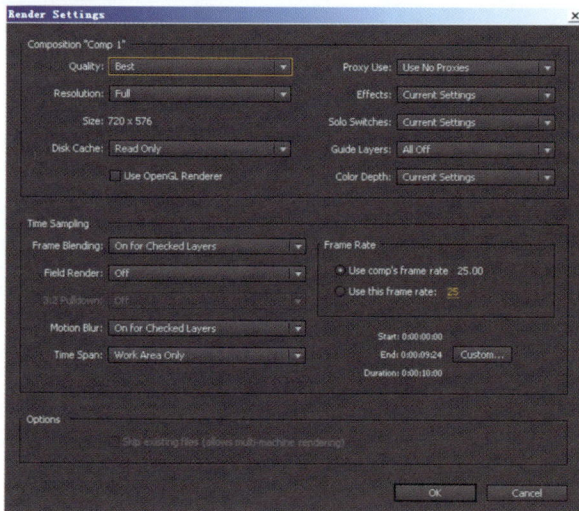

图3-6-26

【Quality】:视频品质设置,点击设置后会出现下列对话框,如图3-6-27所示。【Current Settings】为当前层设置,【Best】为最佳品质,【Draft】为中等品质,草图渲染,【Wireframe】为低等品质,线框渲染。

【Proxy Use】:为代理设置,点击设置后会出现下列对话框,如图3-6-28所示⑬。【Current Settings】为当前层设置,【Use All Proxies】为使用所有代理服务器,【Use Comp Proxies Only】为当前合成窗口使用代理服务器,【Use No Proxies】为不使用代理设置。

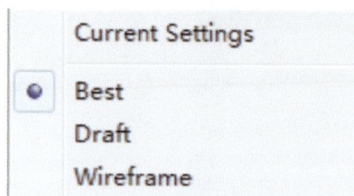

图3-6-27

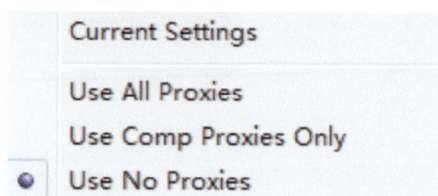

图3-6-28

92

【Resolution】：为画面分辨率如图所示，点击设置后会出现下列对话框，如图3-6-29所示。【Current Settings】为当前层设置，【Full】为全尺寸，【Half】为半尺寸分辨率，【Third】为三分之一尺寸分辨率，【Quarter】为四分之一尺寸分辨率，【Custom…】为自定分辨率。

【Effects】为特效设置，点击设置后会出现下列对话框，如图3-6-30所示。【Current Settings】为当前层设置，【All On】为特效全部渲染，【All Off】为特效全否渲染。

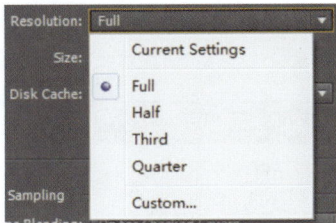

图3-6-29

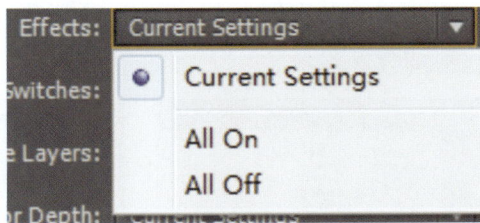

图3-6-30

【Size】为画面尺寸，如图3-6-31所示。

【Solo Switches】指定渲染时是否考虑独奏开关，点击设置后会出现下列对话框，如图所示【Current Settings】为当前层设置，【Current Settings】选择【All On】：表示不考虑。选择【All Off】表示不考虑，如图3-6-32所示。

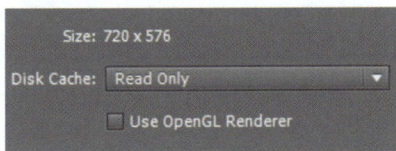

图3-6-31

图3-6-32

【Disk Cache】：为硬盘缓冲，一般选择【Read Only】，为只读一个文件。

【Use OpenGL Renderer】：使用OpenGL 进行渲染，如图3-6-33所示。

【Guide Layers】：为操作层设置，点击设置后会出现下列对话框，如图3-6-34所示。【Current Settings】为在建立合成窗口时的设置，【All Off】为全否操作。

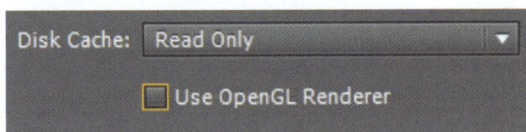

图3-6-33

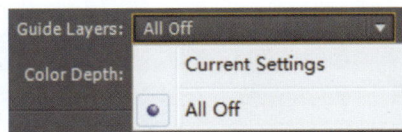

图3-6-34

【Color Depth】：为色彩深度设置（又称色彩位数），点击设置后会出现下列对话框，如图所示【Current Settings】为在建立合成窗口时的设置，【8 bits per channel】8位元灰阶：都是黑、灰、白色之间，有256个层次。【16 bits per channel】16位元彩色（高彩色）：电脑所用的三原色是红、绿、蓝16位元彩色中，绿色有2×6＝64个，共有65536个颜色。【32 bits per channel】为32位元彩色⑭，如图3-6-35所示。

　　色彩深度是计算机图形学领域表示在点阵图或者视频帧缓冲区中储存1像素的颜色所用的位数⑮。【Frame Blending】为帧混合设置，点击设置后会出现下列对话框，如图3-6-36所示【Current Settings】为在当前层设置，【On for Checked Layers】仅对在时间线窗口中开关面板上使用帧融合的层进行帧融合处理，忽略合成图像中的帧融合设置，【Off for All Layers】为关闭所有时间线窗口中使用帧融合的层帧融合处理，忽略合成图像中的帧融合设置。

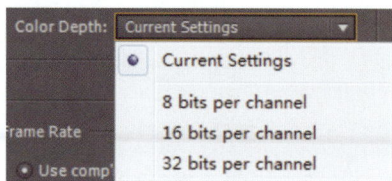

图3-6-35

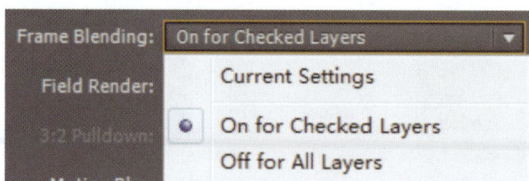

图3-6-36

　　当渲染模块设置完成后，在【Render Queue】窗口中执行【Output Module】＞【Loss less】命令，再根据输出需要进行更多的选项设置或更改设置，如图3-6-37所示。

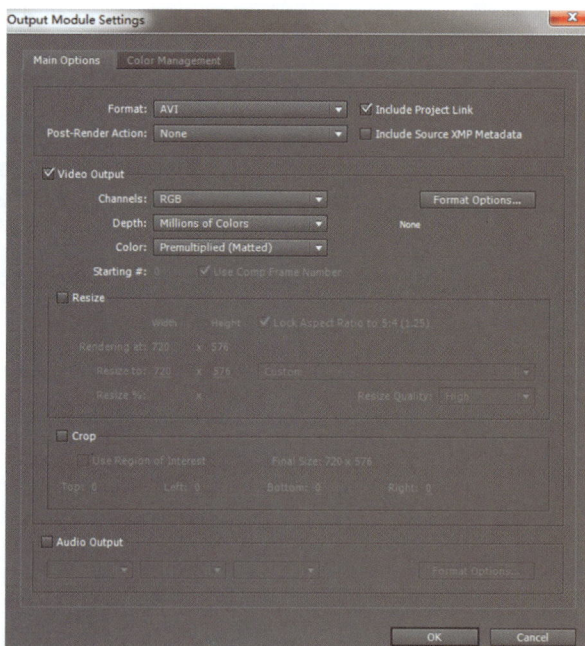

图3-6-37

　　【Format】：输入格式设置，选择需要的格式进行渲染，如图3-6-38所示。

　　【Post-Render Action】为选项允许在渲染完成后对渲染结果进行处理，【None】为绝不使用，【Import】为使用，【Import &Replace Usage】为使用和代理，【Set Proxy】为设置代理，如图3-6-39所示。

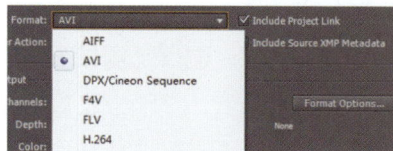

图3-6-38

图3-6-39

【Channels】：为通道输出设置，【RGB】为仅输出【RGB】通道，【Alpha】为仅输出【Alpha】通道【RGB+Alpha】为双通道同时输出，如图3-6-40所示。

【Depth】：深度设置，如图3-6-41所示。

图3-6-40

图3-6-41

【Color】：为颜色设置，【Straight　(Unmated)】将Alpha通道解释为Straight类型，【Premultiplied (Matted)】将Alpha通道解释为带黑色的Premultiplied类型，如图3-6-42所示。

★在输出设置面板中，选择【Audio　Module】>【Lossless】，勾选【Audio　Output】音频输出设置（Adobe　Effects　CS5默认输出不带音频），在输出对话框中，默认参数【48.000kHz】的设置栏为音频的赫兹设置，默认参数【16Bit】的设置栏为音频的位数设置，默认【Stereo】的设置栏为音频的声道设置。【Format　Options...】为输出音频的格式设置，如图3-6-43所示。

图3-6-42

图3-6-43

模块4 电视栏目片头

4.1 模拟制作任务——《藏地密码》场景一：梅里雪山镜头

《藏地密码》是一档解密探索、西藏人文地理的节目。将西藏民间传诵的隐秘历史、史诗，结合西藏历史文化和雪域风光的魅力，以演播室加影像的形式讲述神秘的西藏传奇故事，为对西藏充满兴趣和向往的观众，奉献一场视觉上的饕餮盛宴。

任务要求

通过后期软件的处理手段和技术方法，利用软件本身的基本工具制作《藏地密码》场景一梅里雪山镜头。在镜头设计上要能够很好地表现出西藏特有的元素，以及神秘的西藏传奇风格。

任务参考效果图

能力目标

■ 掌握应用软件工具来完成片头《藏地密码》场景一梅里雪山镜头的设计与制作

软件知识目标

■ Ramp、Light Farctory LE特效的应用

■ 使用钢笔工具创建Mask遮罩

■ Mask关键帧动画的应用

新建工程文件导入素材并设置

01. 启动AE后，新建一个合成窗口，选择【Composition】>【New Composition】命令，弹出【Composition Settings】对话框，把【Composition Name】取名为"雪山C01"，设定【Preset】（预设置）为"PAL D1/DV"设定【Duration】（时长）为15秒，单击【OK】按钮，完成项目工程文件的设置，如图4-1-1所示。

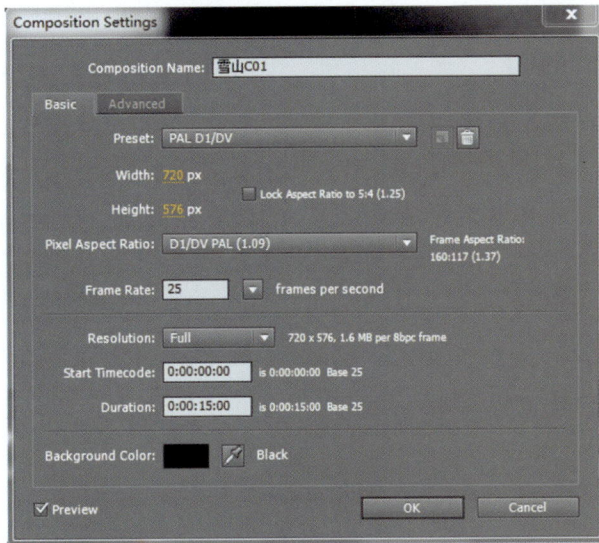

图4-1-1

02. 选择【File】>【Import】>【File】命令，弹出【Import File】（导入素材）对话框，选择"梅里雪山.psd"素材文件，单击【打开】按钮，如图4-1-2所示。然后在弹出的psd设置窗口中，设置【Import Kind】为"Composition-Retain Layer Sizes"，在弹出的对话框中单击【OK】按钮，完成psd素材的导入，如图4-1-3所示。

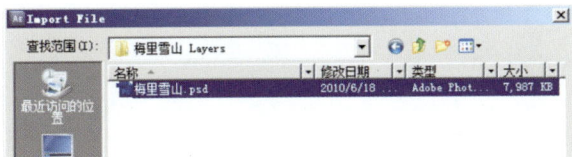

图4-1-2

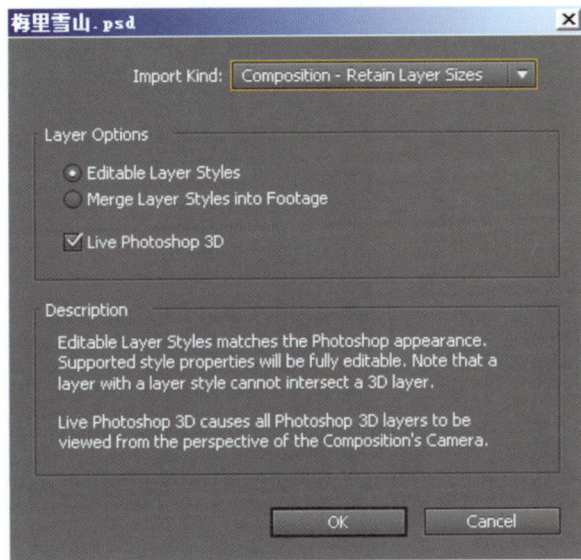

图4-1-3

03. 在【Project】素材管理区点击展开"梅里雪山 Layers"文件夹，同时选中【背景 副本/梅里雪山.psd】、【图层1/梅里雪山.psd】两层素材，如图4-1-4所示。将文件中的两层素材【背景 副本/梅里雪山.psd】、【图层1/梅里雪山.psd】拖动到新建的合成窗口"雪山c01"的时间线编辑区中，如图4-1-5所示。

图4-1-4

图4-1-5

04. 再将素材画面缩放到与屏幕大小合适，并将素材移动到屏幕居中的位置。在时间线编辑区中，同时选中【背景 副本/梅里雪山.psd】、【图层1/梅里雪山.psd】两层素材，按键【P】，再按住Shift键后按【S】，调整【背景 副本/梅里雪山.psd】、【Position】参数为"360.0, 228.5"，【Scale】参数为"46.0, 46.0%"。调整【图层1/梅里雪山.psd】的【Position】参数为"360.0, 343.5"，【Scale】参数为"46.0, 46.0%"，如图4-1-6所示。在预览窗中观看效果，如图4-1-7所示。

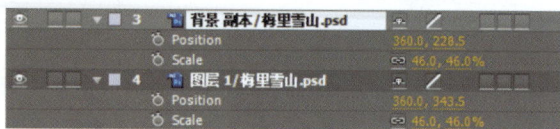

图4-1-6

图4-1-7

制作梅里雪山渐变天空

05. 新建一个固态层，选择【Layer】>【New】>【Solid】命令，弹出【Solid Settings】(固态层设置)对话框，设定名称为"Ramp"，然后点击【Make Comp Size】，设定【Color】颜色为白色，如图4-1-8所示，单击【OK】按钮。然后将新建的固态层置于图层1的下方，如图4-1-9所示。

06. 给新建的白色固态层增加一个Ramp[①]特效。选择白色固态层，点击【Effect】>【Generate】>【Ramp】命令，如图4-1-10所示。

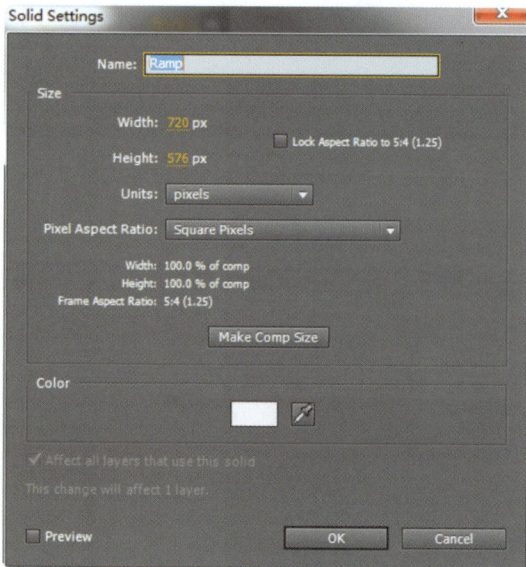

图4-1-8

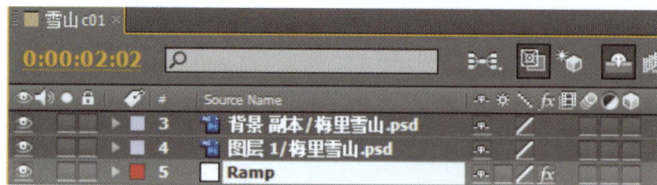

图4-1-9

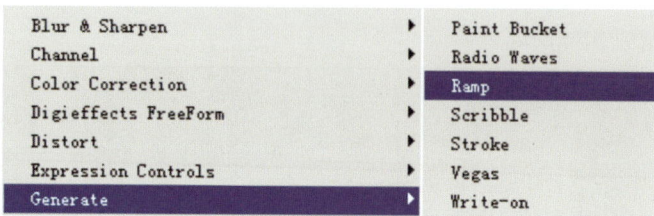

图4-1-10

07. 在特效编辑区调整【Ramp】的参数，将【Start of Ramp】的参数调整为"632.0，664.0"，【End of Ramp】的参数调整为"1264.0，247.0"，如图4-1-11所示。将【Start Color】的色值改为"R：6，375 G：9，885 B：14，627"，【End Color】的色值改为"R：952 G：3，947 B：10，371"如图4-1-12所示。预览添加特效后的效果如图4-1-13所示。

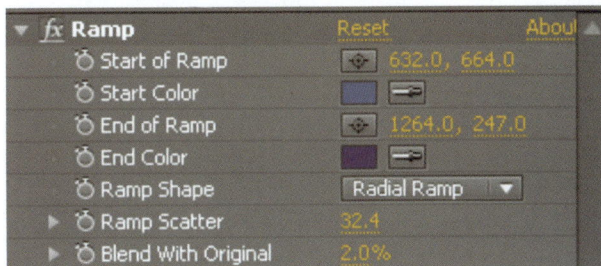

图4-1-11

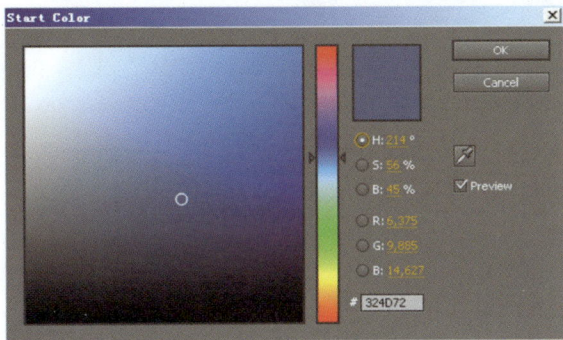

图4-1-12

图4-1-13

使用遮罩修整画面

08. 在时间线编辑区中，单击"Ramp"层前的 👁 按钮，关闭"Ramp"层的显示，如图4-1-14所示。选择工具栏中的【Rectangle Tool】工具 ▣，如图4-1-15所示。单击【背景 副本/梅里雪山.psd】层，在合成窗口画出一个Mask矩形遮罩框，位置如图4-1-16所示。

图4-1-14

图4-1-15

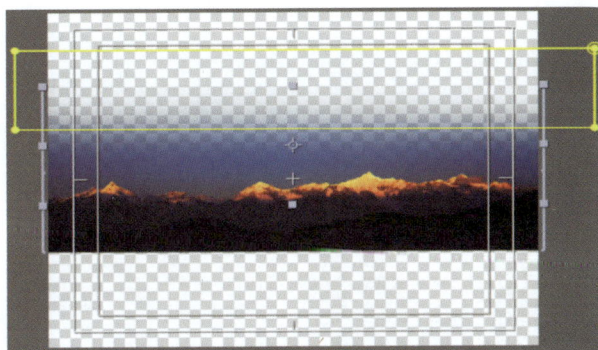

图4-1-16

09. 展开背景副本层的"Mask 1"并勾选 Inverted反转,再调整【Masks Feather】羽化值,【Mask Feather】数值为"190.0, 190.0 pixels",如图4-1-17所示。目的是为了天空与背景颜色过渡更自然,再次单击"Ramp"层前的  按钮,开启"Ramp"层的显示,在预览窗口中观看效果,如图4-1-18所示。

图4-1-17

图4-1-18

10. 在时间线编辑区中,单击"Ramp"层,使用【Rectangle Tool】工具 ,在合成窗口画出一个Mask矩形遮罩框,位置如图4-1-19所示。并展开"Ramp"层的Mask 1,勾选Inverted反转。效果如图4-1-20所示。

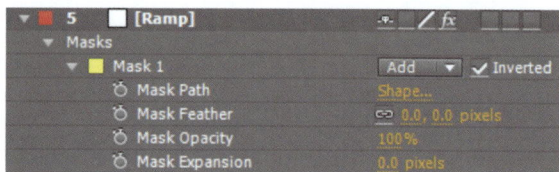

图4-1-19

图4-1-20

创建设置灯光效果并设定关键帧动画

11. 选择【Layer】>【New】>【Solid】命令,弹出【Solid Settings】(固态层设置)对话框,设定名称为"light factory",设定【Color】颜色为黑色,如图4-1-21所示,单击【OK】按钮。然后将新建的固态层置于背景副本层上,如图4-1-22所示。

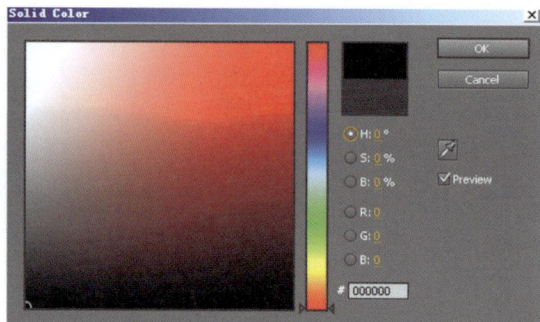

图4-1-21

图4-1-22

12. 给新建的"light factory"层增加一个Light Farctory LE灯光特效。选择"light farctory"层，点击【Effect】>【Knoll Light Factory】[②]>【Light Farctory LE】命令，如图4-1-23所示。预览添加特效后的效果如图4-1-24所示。

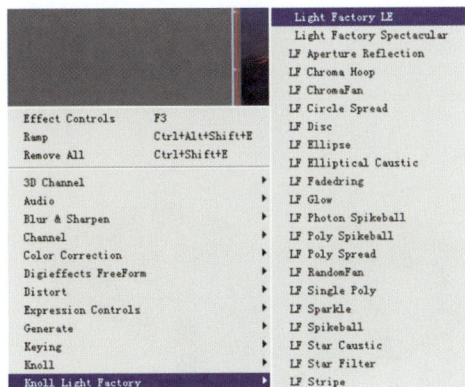

图4-1-23

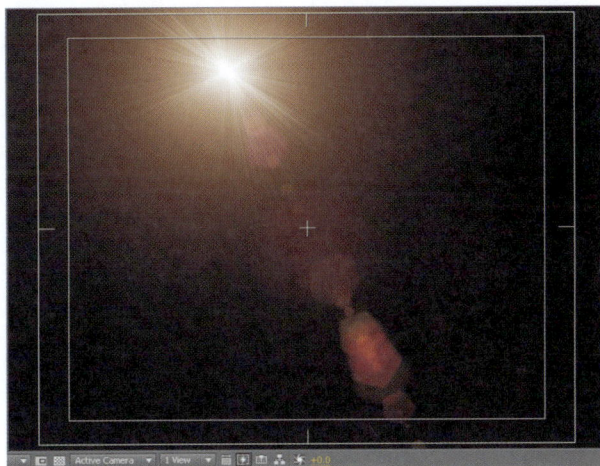

图4-1-24

13. 给灯光效果做一个从左上往右上移动的运动动画。将时间线光标调整至0帧处，在特效编辑区设置插件的动画效果。【Light Farctory LE】中调整参数，将【Light Source Location】前的关键帧记录器激活，激活后的按钮变为，将数值调整为"53.0，98.0"，在时间线编辑区中将时间光标移至"0:00:03:20"，返回特效编辑区，设置【Light Source Location】参数为"660.0，98.0"，如图4-1-25所示。

图4-1-25

14. 单击时间线编辑区下方的【Toggle Switches/Modes】按钮，单击叠加模式按钮，更改该层的叠加模式为"Add"，如图4-1-26所示。

图4-1-26

使用钢笔工具制作mask动态遮罩

15. 再新建一个固态层,选择【Layer】>【New】>【Solid】命令,弹出【Solid Settings】(固态层设置)对话框,设定名称为"遮罩",设定【Color】颜色为黑色,单击【OK】按钮。然后将新建的固态层置于最上层,如图4-1-27所示。

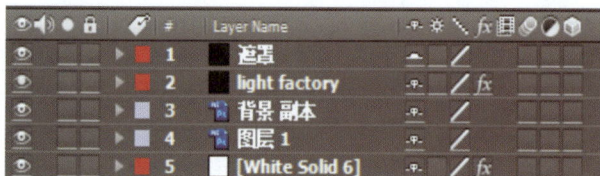

图4-1-27

16. 在时间线编辑区中,单击"遮罩"层,使用钢笔工具在合成预览窗口中勾出一个闭合路径来创建一个Masks遮罩。使用选择工具移动钢笔节点来调整遮罩形状及大小,如图4-1-28所示。

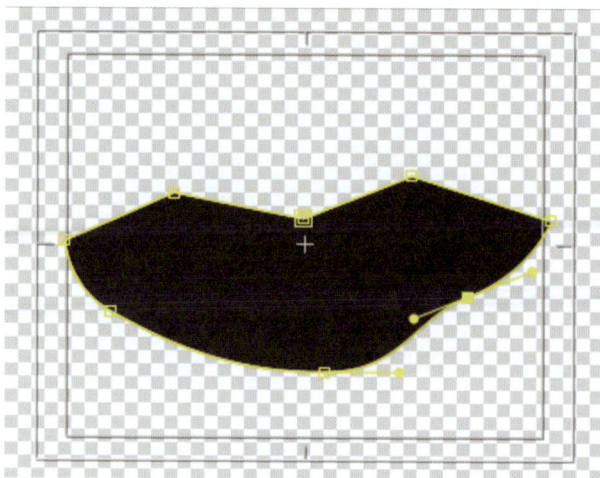

图4-1-28

17. 展开该固态层的"Mask 1"并勾选Inverted反转,再调整【Masks Feather】羽化值为"295.0,295.0",如图4-1-29所示。在预览窗口中观看调整后的效果,如图4-1-30所示。

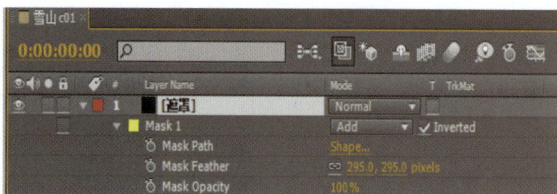

图4-1-29

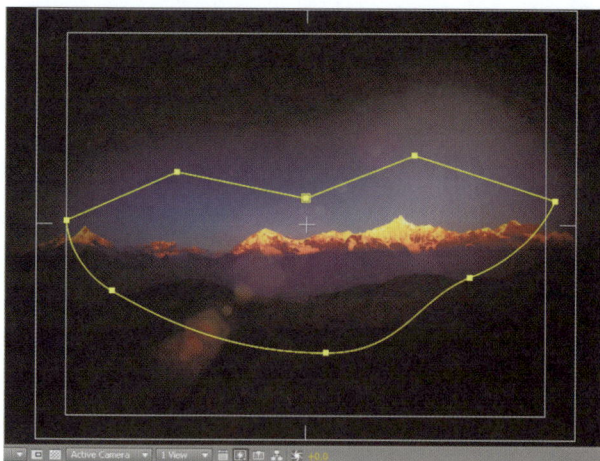

图4-1-30

18. 给遮罩扩展打上关键帧,将时间线光标调整至0帧处,将【Mask Expansion】的关键帧记录器激活变为,将关键帧数值调整为"0",在时间线中会相应出现关键帧(菱形)标志,表示数值已被记录。在时间线编辑区中将时间光标移至"0:00:02:00",将关键帧数值调整为"188.5","0:00:04:00"帧处关键帧值为"-93",如图4-1-31所示。

图4-1-31

19. 预览最后完成的一个4秒的遮罩动画，效果如图4-1-32所示。按【Ctrl+S】组合键保存名为"C01"的项目工程文件。

图4-1-32

4.2 模拟制作任务——《藏地密码》场景二：神像佛塔镜头

任务要求

通过后期软件的处理手段和技术方法，利用软件本身的基本工具制作《藏地密码》场景二 神像佛塔镜头。在镜头设计上要能够很好地表现出西藏特有的元素，以及神秘的西藏传奇风格。

任务参考效果图

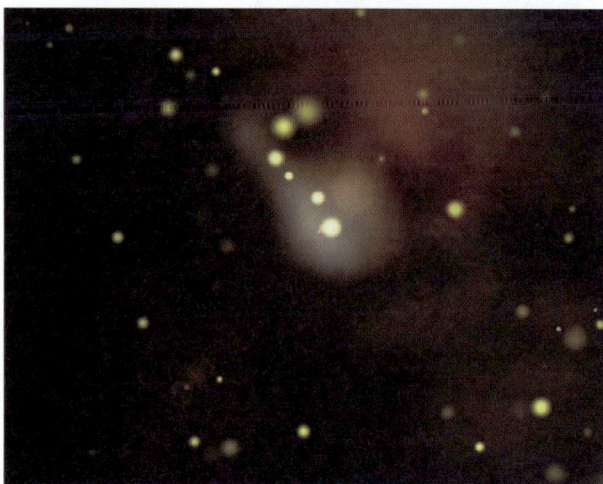

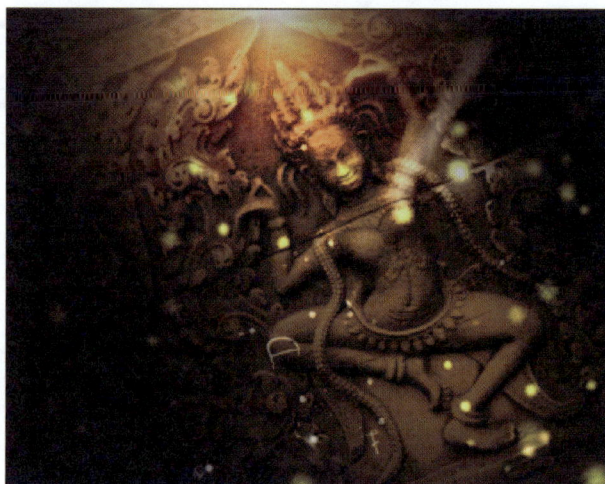

能力目标

■ 掌握应用软件工具来完成片头《藏地密码》场景二——神像佛塔镜头的设计与制作

软件知识目标

■ Lens flare、Hue/saturation、Glow特效的应用
■ Camera和三维层功能的应用
■ 层级关系——父子层级关系
■ Form粒子插件的应用

新建工程文件导入素材并设置

01. 启动AE后，新建一个合成窗口，选择【Composition】>【New Composition】命令，弹出【Composition Settings】对话框，把【Composition Name】取名为"神像c02"，将【Width】调整为"720"，【Height】为"576"；再将【Pixel Aspect Ratio】设定为"Square Pixels"；【Duration】（时长）设定为"10"秒，如图4-2-1所示。单击【OK】按钮，完成项目工程文件的设置。

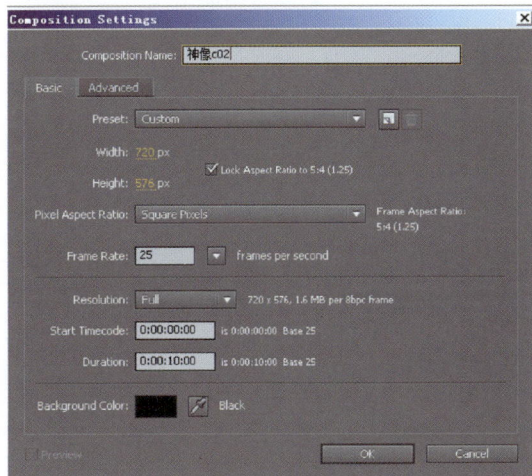

图4-2-1

02. 选择【File】>【Import】>【File】命令，弹出【Import File】（导入素材）对话框，选择"神像佛塔.bmp"素材文件，单击【打开】按钮，如图4-2-2所示。

图4-2-2

03. 在【Project】素材管理区选中素材"神像佛塔.bmp"，拖动到时间线编辑区中，按下快捷键【P】调整其【Position】参数为"158.0，302.0"，如图4-2-3所示。在预览窗口中观看调整位置的效果，如图4-2-4所示。

图4-2-3

图4-2-4

使用遮罩修整画面

04. 在时间线编辑区中，单击"神像佛塔"层，使用钢笔工具 ![] 在合成窗口勾出一个闭合路径来创建一个Masks遮罩。然后使用选择工具 ![]，结合钢笔工具下的【Convert Vertex Tool】工具 ![]，移动钢笔节点来调整遮罩形状及大小，如图4-2-5所示。调整遮罩的羽化和扩展值，【Mask Feather】数值为"290.0，290.0"，【Mask Expansion】数值为"-60"，如图4-2-6所示。在预览窗口中观看调整羽化和扩展值后的效果，如图4-2-7所示。

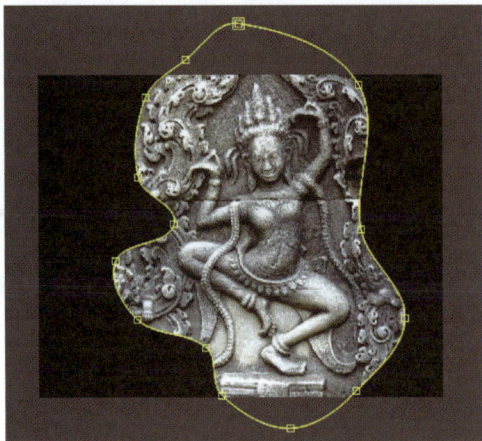

图4-2-5

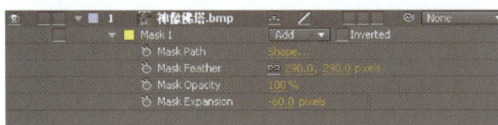

图4-2-6

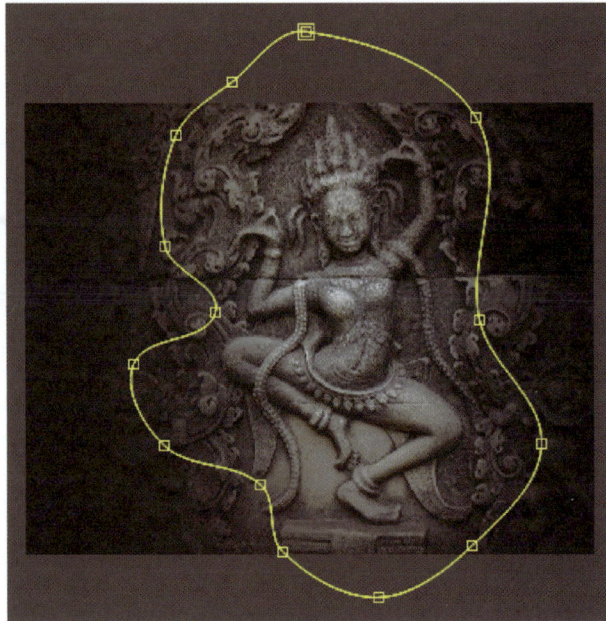

图4-2-7

创建镜头光晕效果并设定关键帧动画

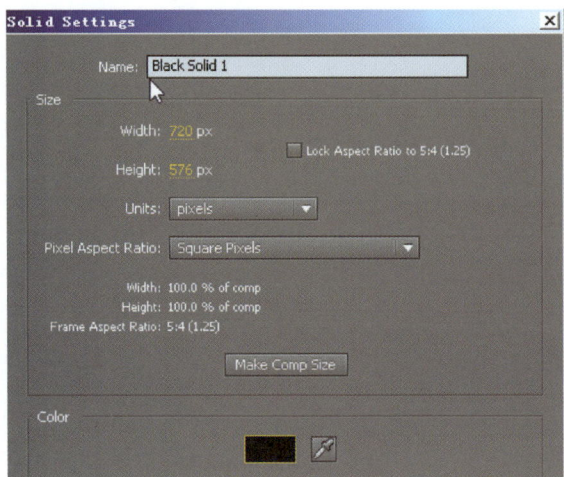

图4-2-8

05. 新建一个固态层，选择【Layer】>【New】>【Solid】命令，弹出【Solid Settings】（固态层设置）对话框，设定名称为"lens flare"，然后点击【Make Comp Size】，设定【Color】颜色为"黑色"，单击【OK】按钮，如图4-2-8所示。然后将"lens flare"层置于"神像佛塔.bmp"层的上方，如图4-2-9所示。

图4-2-9

06. 给新建的"lens flare"固态层添加一个Lens Flare③特效。选择"lens flare"层，点击【Effect】>【Generate】>【Lens Flare】命令，如图4-2-10所示。

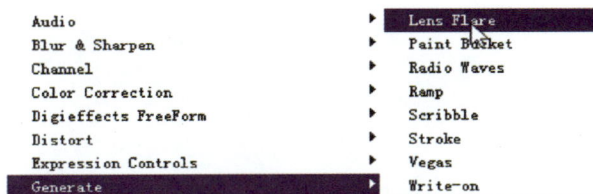

图4-2-10

07. 在特效编辑区调整【Lens Flare】的参数，调节其位置【Flare Center】为"624.0，-18.0"，将镜头种类【Lens Type】改为"105mm Prime"，如图4-2-11所示。在预览窗口中观看调整Lens Flare后的效果，如图4-2-12所示。

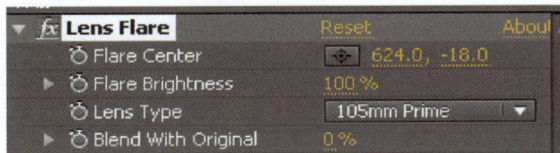

图4-2-12

图4-2-11

08. 给镜头光晕做一个从右向左的运动动画。将时间线光标调整至0帧处，在特效编辑区设置插件的动画效果，将【Flare Center】前的 关键帧记录器激活，激活后的按钮变为 ，在时间线中会相应出现关键帧（菱形）标志，表示数值已被记录。将数值调整为"624.0，-18.0"，在时间线编辑区中将时间光标移至"0:00:08:14"，返回特效编辑区，设置【Flare Center】参数为"62.0，-22.0"，如图4-2-13所示。

图4-2-13

09. 给"lens flare"固态层增加一个色相/饱和度（Hue/Saturation）特效。选择"lens flare"层，点击【Effect】>【Color Correction】>【Hue/Saturation】④命令，如图4-2-14所示。

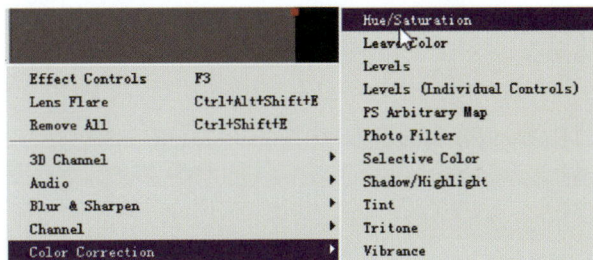

图4-2-14

10. 在特效编辑区调整【Hue/Saturation】的参数，勾选Colorize并调节其参数，调节【Colorize Hue】为"1x+24.0°"，【Colorize Saturation】为"54"，如图4-2-15所示。在预览窗口中观看调整Hue/Saturation后 Lens Flare的效果，如图4-2-16所示。

图4-2-15

图4-2-16

图4-2-17

11. 在时间线编辑区中，选择"lens flare"固态层，按【Ctrl+D】复制一层名为"lens flare2"，修改"lens flare2"的叠加模式为"Screen"，如图4-2-17所示。

12. 将"神像佛塔.bmp"层移至第一层，按【Ctrl+D】复制一层。修改第一层的叠加模式为"Add"第二层的叠加模式为"Classic Color Burn"，如图4-2-18所示。在预览窗口中观看调整叠加模式后的效果，如图4-2-19所示。

图4-2-18

图4-2-19

13. 在第一层"神像佛塔.bmp"上加上一个色相饱和度（Hue/Saturation）特效。点击【Effect】>【Color Correction】>【Hue/Saturation】命令，如图4-2-20所示。

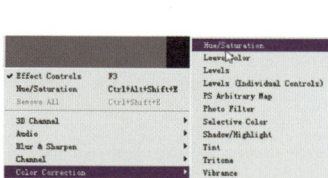

图4-2-20

图4-2-21

14. 在特效编辑区调整【Hue/Saturation】的参数，勾选【Colorize】并调节其参数，调节【Colorize Hue】为"0x+33.0°"，【Colorize saturation】为"87"，【Colorize Lightness】为"-25"如图4-2-21所示。在预览窗口中观看添加Hue/Saturation特效后的效果，如图4-2-22所示。

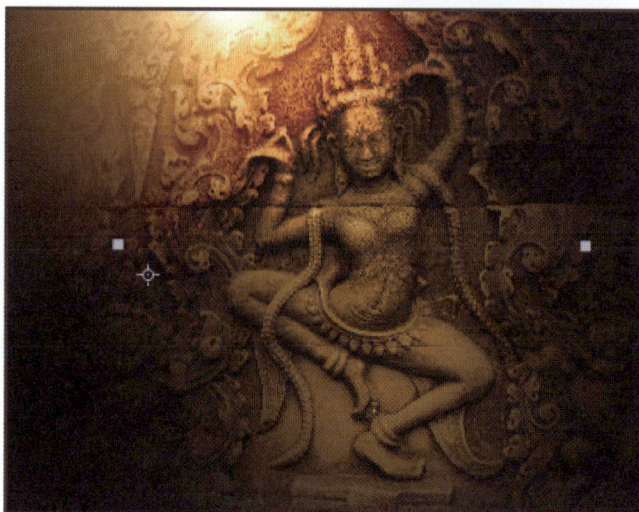

图4-2-22

导入素材元素并调整设置

15. 选择【File】>【Import】>【File】命令，弹出【Import File】(导入素材) 对话框，选择"达芬奇密码02.psd"素材文件，单击【打开】按钮，如图4-2-23所示。然后在弹出的psd设置窗口中，设置【Import Kind】为"Composition-Retain Layer Sizes"，在弹出的对话框中单击【OK】按钮，完成psd素材的导入，如图4-2-24所示。

图4-2-23

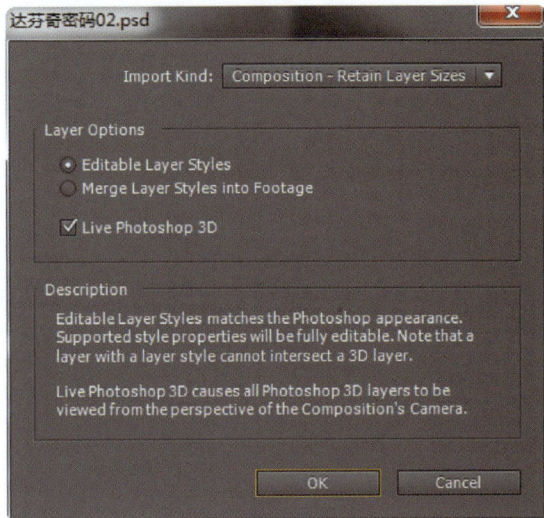

图4-2-24

16. 在【Project】素材管理区中双击合成窗口"达芬奇密码02"将其展开，如图4-2-25所示。在时间线编辑区中，将第3层、第9层和第10层前的眼睛👁关掉，如图4-2-26所示。

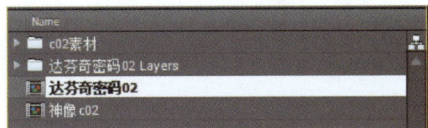

图4-2-25

17. 在时间线编辑区上方，切回到合成窗口"神像c02"。返回到【Project】素材管理区中选中合成窗口"达芬奇密码02"，并拖动到合成窗口"神像c02"的时间线编辑区中，调整其至合适的位置，修改"达芬奇密码02"的叠加模式为"Add"，如图4-2-27所示。

图4-2-26

18. 为"达芬奇密码02"加上辉光 (Glow) 特效，点击【Effect】>【Stylize】>【Glow】⑤命令。在特效编辑区调整【Glow】的参数，调节【Glow Threshold】为"3.5%"，【Glow Radius】为"12.0"，【Glow Intensity】为"2.4"，如图4-2-28所示。在预览窗口中观看调整后的效果，如图4-2-29所示。

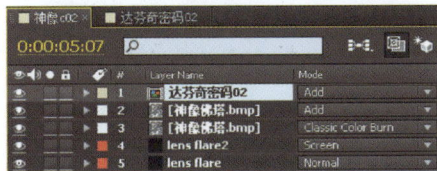

图4-2-27

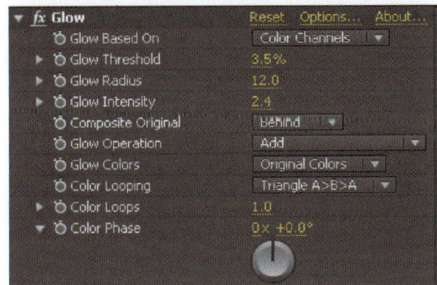

图4-2-28

图4-2-29

三维场景的搭建

19. 新建摄像机,在时间线编辑区空白处单击右键,选择【New】>【camera】命令, 如图4-2-30所示。弹出【Camera Settings】⑥对话框,在场景中创建摄像机,设置其参数,设置【Preset】为"Custom",【Units】为"Millimeters",【Measure Film Size】为"Horizontally",【Zoom】为"385.94mm",如图4-2-31所示。

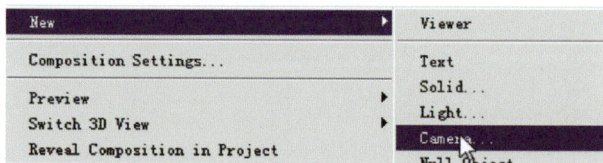

图4-2-30

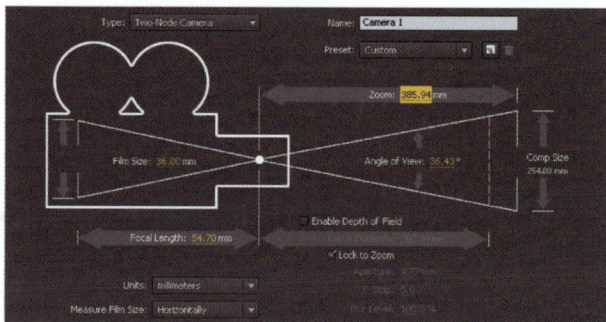

图4-2-31

20. 在时间线编辑区激活"达芬奇密码02"和"神像佛塔"的层后面的 ◈ 三维开关,如图4-2-32所示。

图4-2-32

21. 单击预览区【1 View】⑦按钮,切换视图为【2 Views-Horizontal】选项,如图4-2-33所示。将预览区切换为双屏显示,单击激活左视图,选择视图为【Top】,如图4-2-34所示。

图4-2-33

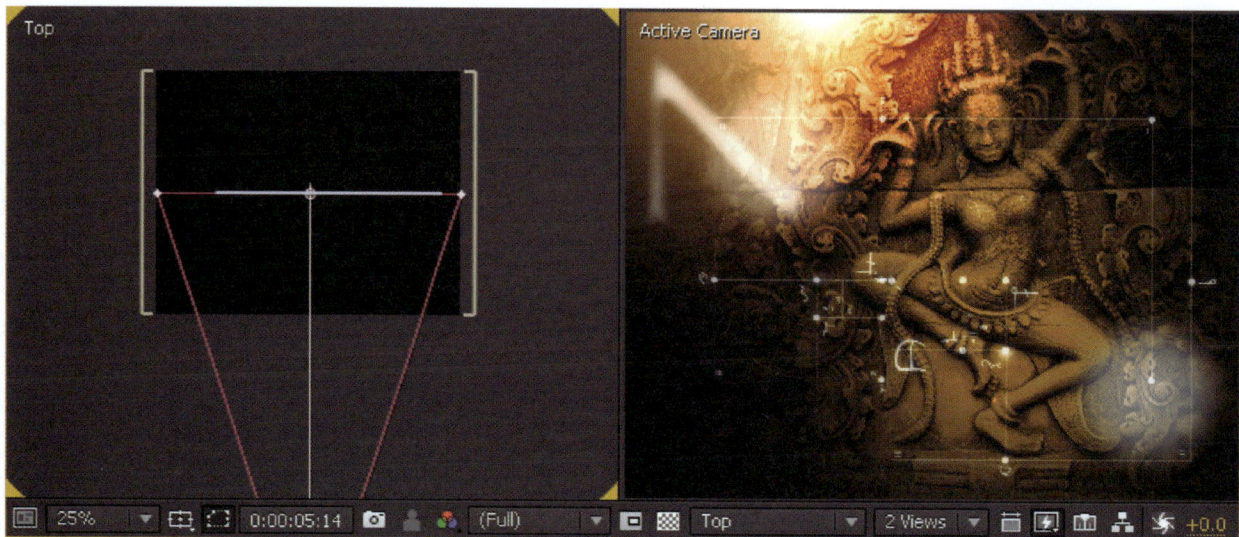

图4-2-34

设置父子层级关系

22. 在时间线编辑区中，按住鼠标左键选择第二层"神像佛塔"【Parent】栏下的按钮，并将其拖至第一层"神像佛塔"层上释放鼠标，指定第二层"神像佛塔"的父层为第一层"神像佛塔"。在按住鼠标左键不放并拖动鼠标的同时会出现一条黑色的指示线，目标层上会出现一个方框提示避免关联错误，如图4-2-35所示。对父层第一层"神像佛塔"的任何编辑都会影响到子层第二层"神像佛塔"。对父层的属性编辑会影响到子层，而对子层的属性编辑不会影响到父层，父层只能有一个，但子层可以有多个。[8]

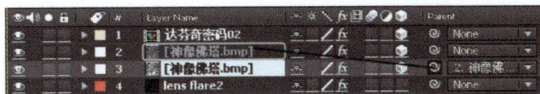

图4-2-35

综合调整设置镜头内各元素

23. 选中"达芬奇密码02"和第一层"神像佛塔"按下快捷键【R】分别调整"达芬奇密码02"和"神像佛塔"的【Orientation】参数，"达芬奇密码02"【Orientation】参数为"0.0°，21.0°，0.0°"，"神像佛塔"【Orientation】参数为"0.0°，21.0°，337.0°"，如图4-2-36所示。

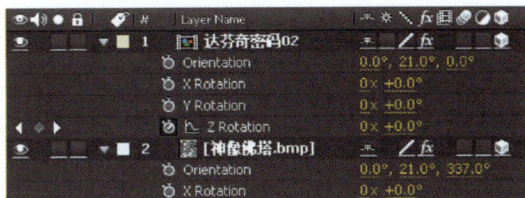

图4-2-36

24. 再次选中该两层，按下快捷键【P】调整其【Position】参数。"达芬奇密码02"的【Position】参数为"760.1，404.0，364.5"，"神像佛塔"的【Position】参数为"518.1，420.0，364.5"，如图4-2-37所示。

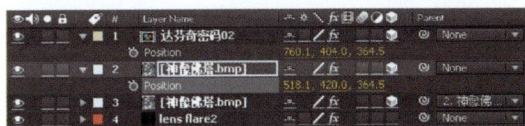

图4-2-37

25. 选择"达芬奇密码02"，按快捷键【R】为Z Rotation设置旋转动画。将时间线光标调整至0帧处，将Z Rotation之前的

关键帧记录器激活，激活后的按钮变为

，将关键帧数值调整为"0.0°"，在时间线中会相应出现关键帧（菱形）标志，表示数值已被记录。在时间线编辑区中将时间光标移至"0:00:09:24"，将关键帧数值调整为"161.0°"，如图4-2-38所示。在预览窗口中观看调整后的效果，如图4-2-39所示。

图4-2-38

图4-2-39

调整摄像机并设置动画

26. 在时间线编辑区展开摄像机参数并进行设置，【Transform】下，设置【Point of Interset】为"528.4, 288.0, 341.8"，【Position】为"-643.6, 288.0, -2992.2"。【Camera Options】下，设置【Zoom】为"3629.6pixels"，【Focus Distance】为"961.0pixels"，【Aperture】为"30.0pixels"，如图4-2-40所示。在预览窗口的TOP视图中观看调整后的摄像机位置，如图4-2-41所示。

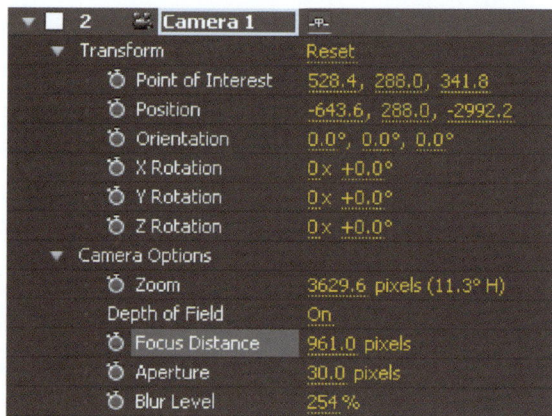

图4-2-40

27. 给摄像机设置一个由左向右的运动动画（摄像机中的神像跟着镜头光晕走）。将时间线光标调整至0帧处，将摄像机【Transform】下【Point of Interset】和【Position】前的 ⏱ 关键帧记录器激活，激活后的按钮变为 ⏱，在时间线中会相应出现关键帧（菱形）标志，表示数值已被记录。在时间线编辑区中将时间光标移至"0:00:08:03"，设置【Point of Interset】参数为"726.5, 288.0, 272.2"，设置【Position】参数为"-445.5, 288.0, -3061.8"，如图4-2-42所示。在【Camera Options】下，设置摄像机的【Depth of Field】为"On"。把时间线光标调整至0帧处，将【Focus Distence】前的 ⏱ 关键帧记录器将其激活，将时间光标移至"0:00:06:00"，设置【Focus Distance】参数为"3578.0 Pixels"，如图4-2-43所示。设置调整完摄像机后，单击预览区【2 Views-Horizontal】按钮，将视图切回【1 View】选项。

图4-2-41

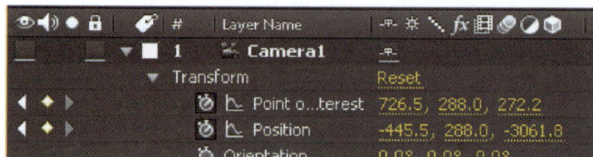

图4-2-42

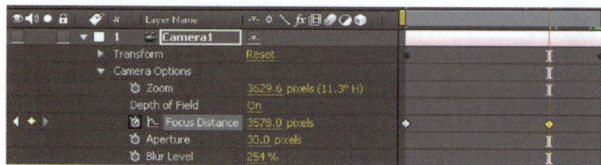

图4-2-43

使用钢笔工具制作mask遮罩

28. 新建一个黑色固态层，选择【Layer】>【New】>【Solid】命令，弹出【Solid Settings】（固态层设置）对话框，设定名称为"mask"，然后点击【Make Comp Size】，设定【Color】颜色为黑色，单击【OK】按钮，如图4-2-44所示。然后将"mask"层置于顶层。

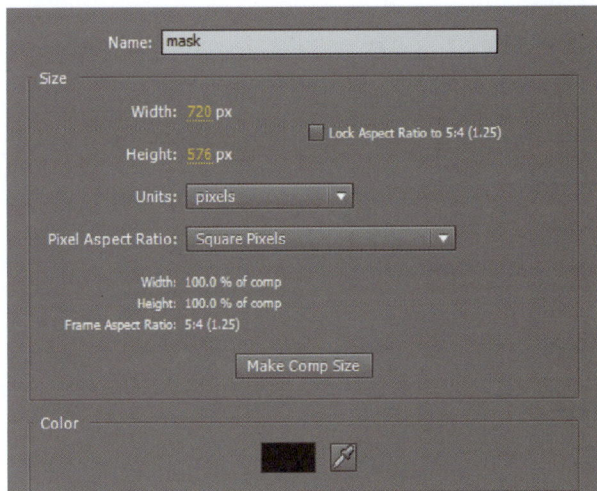

图4-2-44

29. 在时间线编辑区中，选择"mask"固态层，使用钢笔工具 在合成预览窗口中勾出一个闭合路径来创建一个Mask遮罩。然后使用选择工具 ，结合钢笔工具下的【Convert Vertex Tool】工具 ，移动钢笔节点来调整遮罩形状及大小，如图4-2-45所示。调整遮罩的羽化值，【Mask Feather】数值为"251.0, 251.0 pixels"，勾选【Inverted】。如图4-2-46所示。在预览窗口中观看添加Masks遮罩后的效果，如图4-2-47所示。

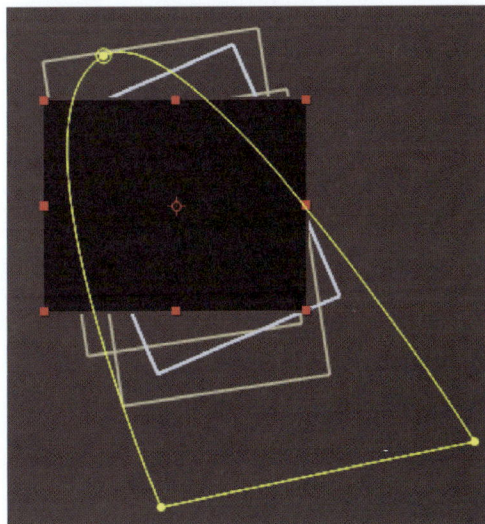

图4-2-45

图4-2-46

图4-2-47

创建FORM粒子效果并应用预置动画

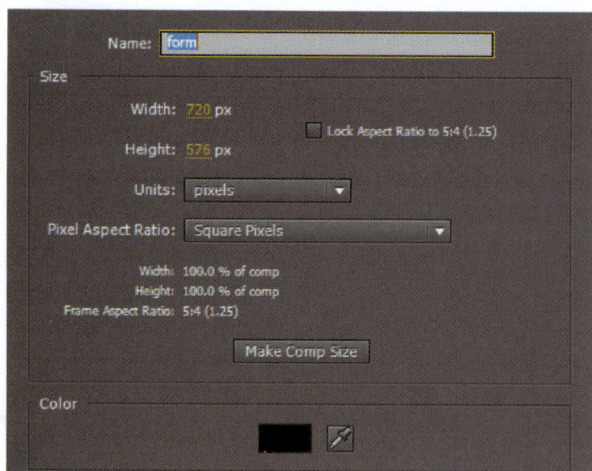

图4-2-48

30. 新建一个固态层,选择【Layer】>【New】>【Solid】命令,弹出【Solid Settings】(固态层设置)对话框,设定名称为"form",然后点击【Make Comp Size】,设定【Color】颜色为黑色,单击【OK】按钮,如图4-2-48所示。然后将"form"层置于"神像佛塔"和"lens flare2"两层之间,如图4-2-49所示。

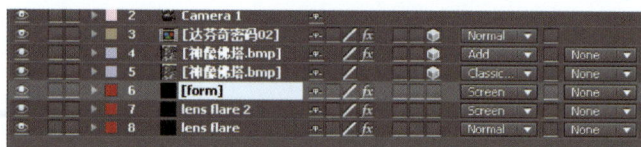

图4-2-49

31. 为固态层"form"加上Form特效。点击【Effect】>【Trapcode】>【Form】[9]命令,如图4-2-50所示。

图4-2-50

32. 在时间线编辑区中,把时间线光标调整至0帧处,选择固态层"form",点击菜单栏下【Animation】>【Apply Animation Preset...】命令,如图4-2-51所示。在打开预置动画对话框中。选择"c2 form.ffx"文件,单击【打开】按钮,如图4-2-52所示。在预览窗口中观看添加Form预置动画后的效果,如图4-2-53所示。

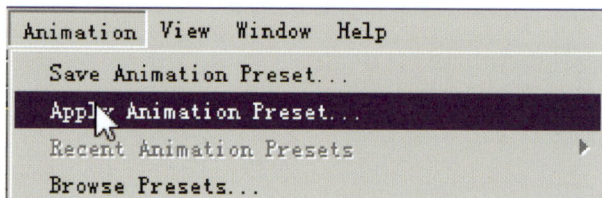

图4-2-51

图4-2-52

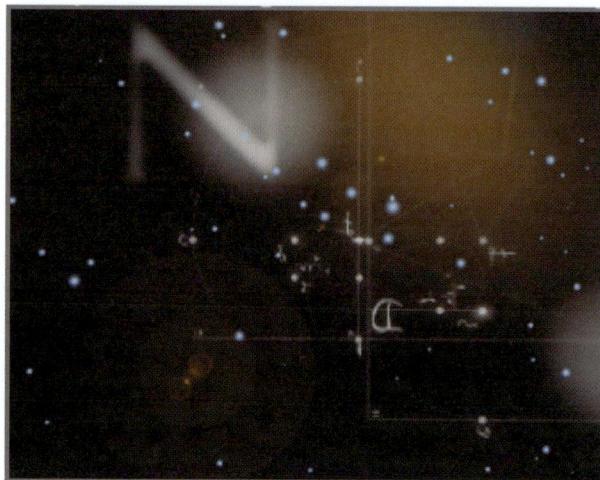

图4-2-53

33. 给"form"固态层增加一个Color Balance（HLS）特效。选择"form"层，点击【Effect】>【Color Correction】>【Color Balance（HLS）】命令，在特效编辑区调整【Color Balance（HLS）】的参数，调节【Hue】为"213.0°"，【Saturation】为"67.0°"，如图4-2-54所示。

图4-2-54

34. 在时间线编辑区中，将"form"层移至"神像佛塔"和"lens flare2"两层之间并将叠加模式改为Screen，如图4-2-55所示。在预览窗口中观看调整form后的效果，如图4-2-56所示。

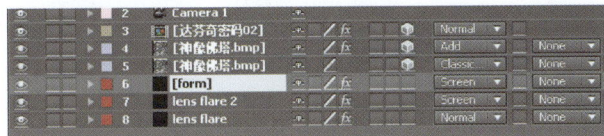

图4-2-55

图4-2-56

微调镜头各元素

35. 接下来对摄像机和镜头光晕的关键帧进行圆滑处理。在时间线编辑区中，选择摄像机和镜头光晕层，按下快捷键【U】展开所有关键帧，并框选所有菱形关键帧。在关键帧上单击右键，在弹出的菜单中点击【Keyframe Assistant】>【Easy Ease】，如图4-2-57所示。对关键帧进行圆滑处理，Easy Ease以后的关键帧由 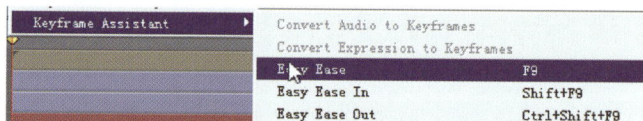 变成 ，如图4-2-58所示。

图4-2-57

图4-2-58

36. 给神像佛塔增加一个淡入的效果，在时间线编辑区中，点选两层"神像佛塔"，按下快捷键【T】调节"神像佛塔"的【Opacity】透明度，把时间线光标调整至"0:00:00:12"，将【Opacity】前的关键帧记录器激活，设置其参数为"0%"如图4-2-59所示。将时间光标移至"0:00:00:24"，设置【Opacity】参数为"100%"，如图4-2-60所示。

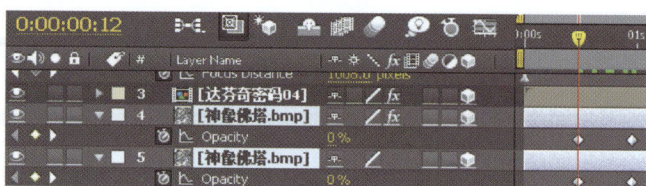

图4-2-59

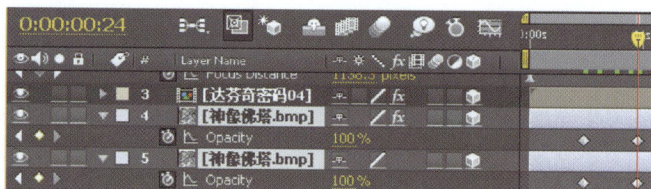

图4-2-60

37. 最后点击数字键盘上的【0】键进行渲染，预览动画效果。如图4-2-61所示。按【Ctrl+S】组合键保存名为"C02"的项目工程文件。

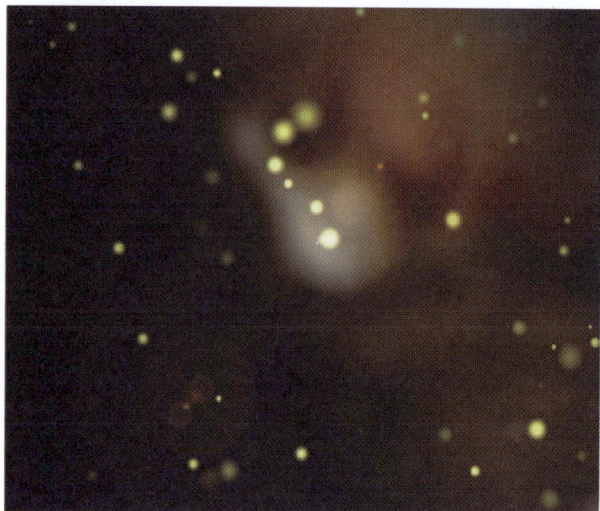

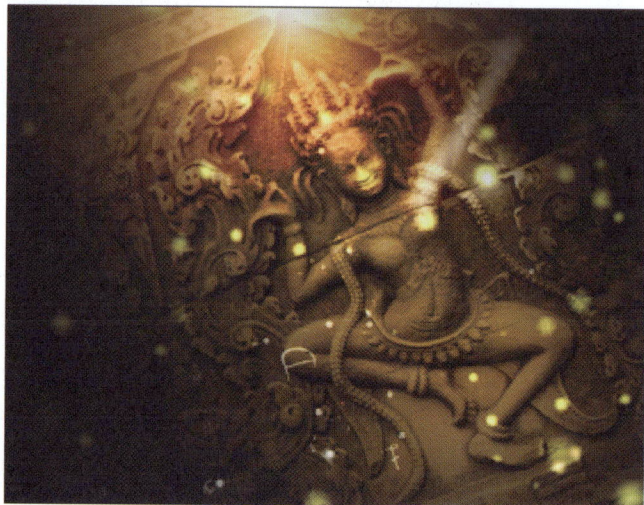

图4-2-61

4.3　模拟制作任务——《藏地密码》场景三：罗盘镜头

任务要求

　　通过后期软件的处理手段和技术方法，利用软件本身的基本工具制作《藏地密码》场景三罗盘镜头。在镜头设计上要能够很好地表现出西藏特有的元素，以及神秘的西藏传奇风格。

任务参考效果图

能力目标

■　掌握应用软件工具来完成片头《藏地密码》场景三罗盘镜头的设计与制作

软件知识目标

■　固态层、钢笔工具和三维层的综合应用

■　预置合成层的应用

■　Camera【Depth of Field】景深功能的应用

■　如何设置图层帧速率

■　Levels（Individual Controls）、Box Blur特效的应用

新建工程文件导入素材并设置

01. 启动AE后，新建一个合成窗口，选择【Composition】>【New Composition】命令，弹出【Composition Settings】对话框，把【Composition Name】取名为"罗盘c03"，将【Width】调整为"720"，【Height】为"576"；再将【Pixel Aspect Ratio】设定为"Square Pixels"；【Duration】（时长）设定为"10"秒，如图4-3-1所示，单击【OK】按钮，完成项目工程文件的设置。

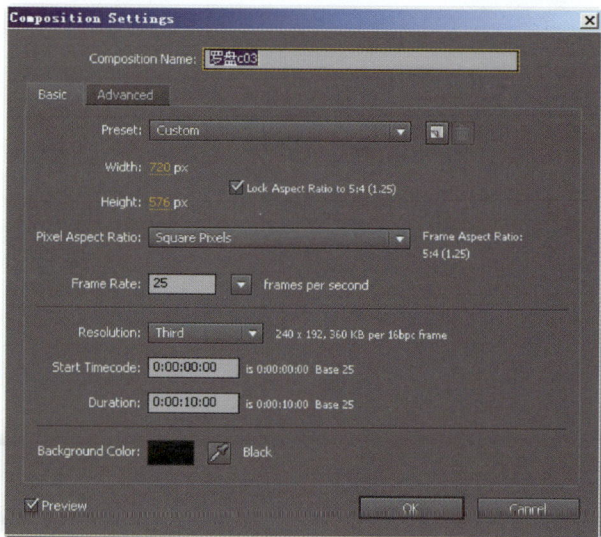

图4-3-1

02. 选择【File】>【Import】>【File】命令，弹出【Import File】（导入素材）对话框，选择"罗盘.jpg"素材文件，单击【打开】按钮，如图4-3-2所示。

图4-3-2

03. 在【Project】素材管理区选中素材"罗盘.jpg"，拖动到时间线编辑区中，在预览窗中观看效果，如图4-3-3所示。

图4-3-3

使用遮罩修整画面

04. 选择工具栏中的【Ellipse Tool】工具 ⬛，如图4-3-4所示。在时间线编辑区中，单击"罗盘.jpg"层，在合成预览窗口中画出一个遮罩，然后使用选择工具 ▶，结合钢笔工具下的【Convert Vertex Tool】工具 ▶，移动钢笔节点来调整遮罩形状及大小，遮罩形状如图4-3-5所示。

图4-3-4

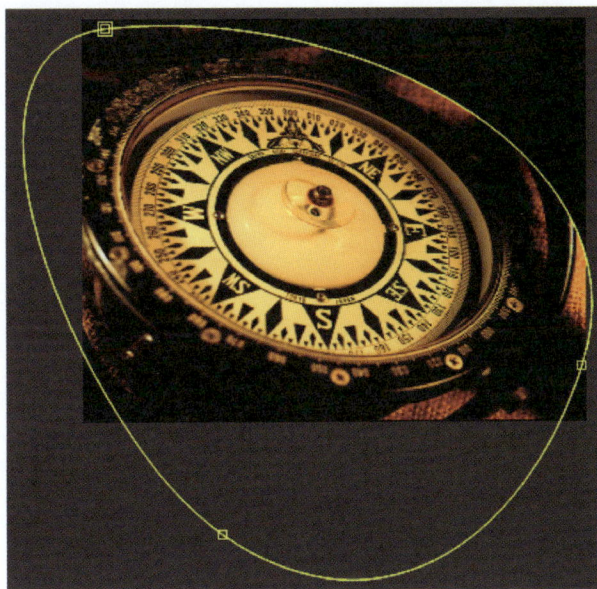

图4-3-5

05. 展开"罗盘.jpg"层的Mask 1，调整【Masks Feather】羽化值，【Mask Feather】数值为"285.0, 285.0 pixels"，【Mask Expansion】数值为"-49.0 pixels"如图4-3-6所示。在预览窗口中观看调整羽化和扩展值后的效果，如图4-3-7所示。

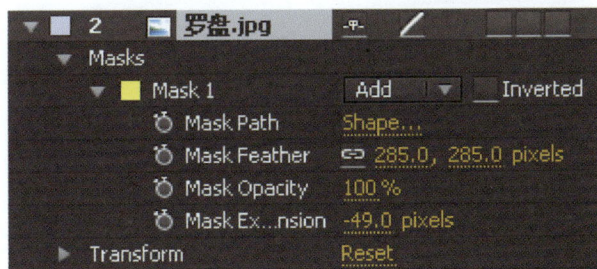

图4-3-6

调整前

调整后

图4-3-7

制作罗盘光环效果

06. 选择【Layer】>【New】>【Solid】命令，弹出【Solid Settings】（固态层设置）对话框，设定【Width】为"720"，【Height】为"576"，设定【pixel Aspect Ratio】为"Square Pixels"，设定【Color】颜色为白色，单击【OK】按钮，如图4-3-8所示。然后将新建的固态层置于罗盘层上。

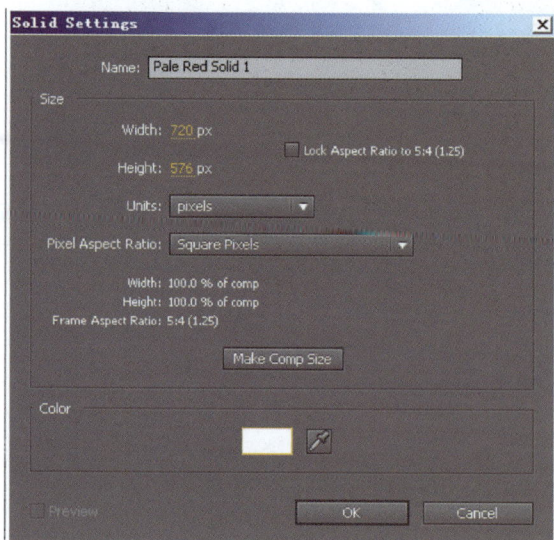

图4-3-8

07. 在时间线编辑区中，选中新创建的白色固态层，点击工具栏中的【Ellipse Tool】工具，按Shift键画出一个正圆形的遮罩，并打开安全框，调整位置，把它放在中心位置，如图4-3-9所示。

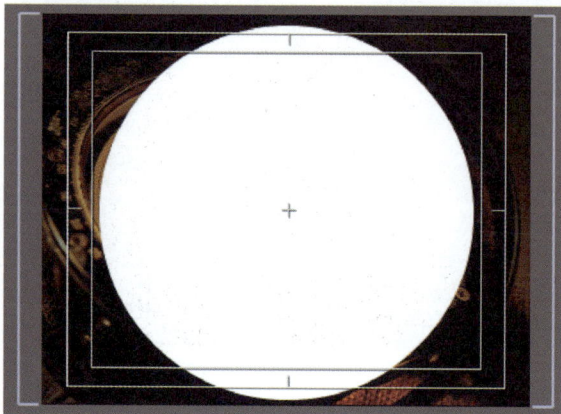

图4-3-9

08. 展开白色固态层的Mask 1，调整【Mask Expansion】数值为"-26.0 pixels"，如图4-3-10所示。

图4-3-10

09. 点击白色固态层的Mask 1，按【Ctrl+C】复制，再次点击白色固态层，按【Ctrl+V】粘贴Mask 2，并将Mask 2的叠加模式改为"Subtract"，Mask 2的【Mask Expansion】数值为"-31.0 pixels"，如图4-3-11所示。使其两个圆相减，出现一个圆环，如图4-3-12所示。

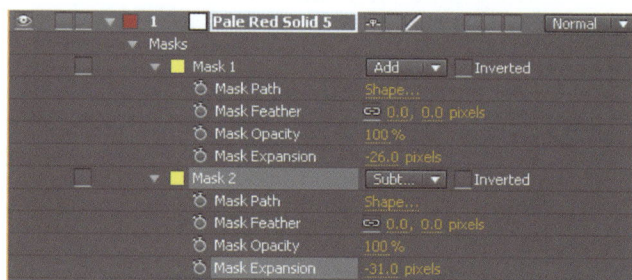

图4-3-11

图4-3-12

10. 在时间线编辑区中，点击白色固态层，再次使用钢笔工具，在白色固态层再次画出一个五边形遮罩，遮罩形状如图4-3-13所示。并将Mask 3的叠加模式改为"Subtract"，【Mask Feather】数值为"142.0, 142.0 pixels"，如图4-3-14所示。在预览窗中观看效果，如图4-3-15所示。

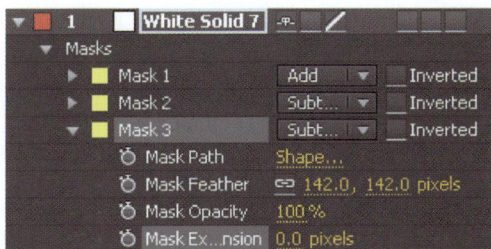

图4-3-14

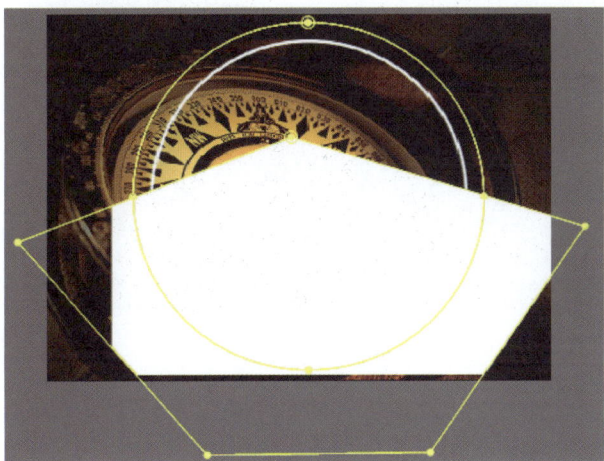

图4-3-13

图4-3-15

11. 在时间线编辑区中，选择白色固态层，按【Ctrl+D】使其再拷贝另外一个固态层，选中拷贝的固态层按【S】键，调整大小，【Scale】参数为"80.0, 80.0%"，如图4-3-16所示。在预览窗中观看效果，如图4-3-17所示。

图4-3-16

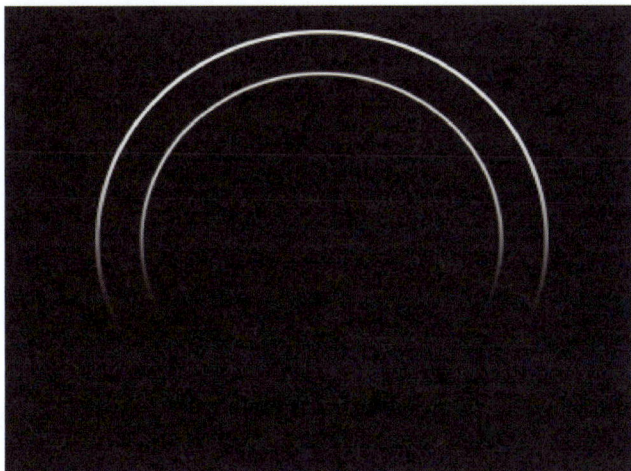

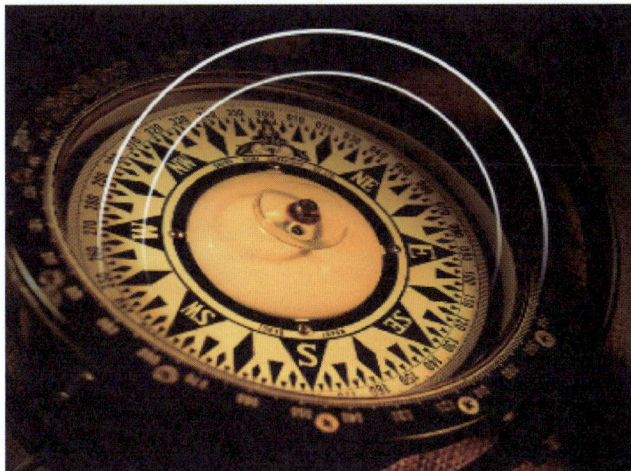

图4-3-17

12. 在时间线编辑区中，选择两层白色固态层，按快捷键【R】为Rotation设置旋转动画，将时间线光标调整至0帧处，将Rotation之前的 ⏱ 关键帧记录器激活，激活后的按钮变为 ⏱ ，将关键帧数值调整为"0.0°"，在时间线中会相应出现关键帧（菱形）标志，表示数值已被记录。在时间线编辑区中将时间光标移至"0：00：09：24"，将第一层向左旋转，关键帧数值调整为"−4x+0.0°"。将第二层向右旋转，关键帧数值调整为"4x+0.0°"。如图4−3−18所示。拖动时间轴，观看设置旋转动画后的效果，如图4−3−19所示。

图4−3−18

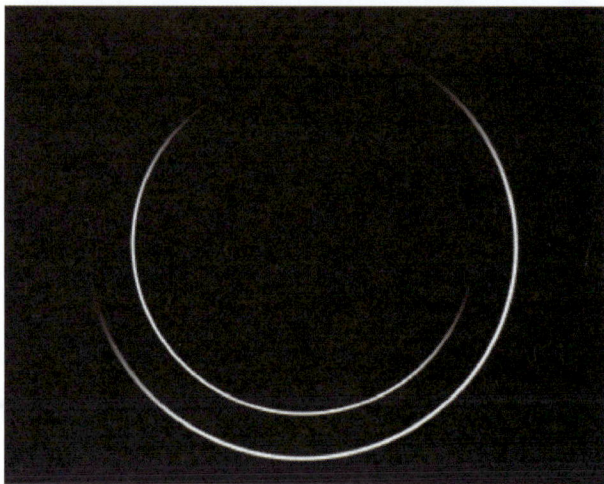

图4−3−19

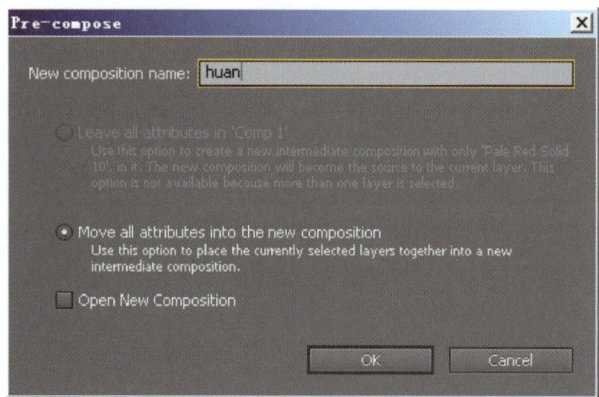

图4−3−20

13. 在时间线编辑区中，选择两层白色固态层，按【Ctrl+Shift+C】合并成一个预置合成层，并改名为"huan"，单击【OK】按钮，如图4−3−20所示。在时间线编辑区中激活新创建的"huan"合成层后面的 🧊 三维开关，如图4−3−21所示。

图4−3−21

14. 在时间线编辑区中，选择"huan"合成层，在工具栏中选取旋转工具 🔄 对其进行调整，使之与罗盘相匹配，如图4−3−22所示。旋转及位置参考如图4−3−23所示。

图4−3−22

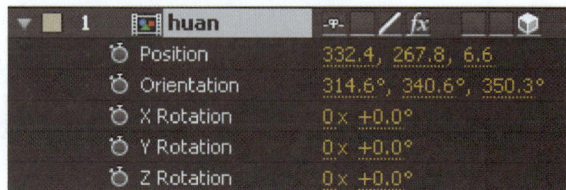

图4−3−23

15. 对预置合成层（huan）加上一个Glow特效。在时间线编辑区中，选择"huan"合成层，点击【Effect】>【Stylize】>【Glow】命令，在特效编辑区调整【Glow】的参数，调节【Glow Threshold】为"28.2%"，调节【Glow Radius】为"8.0"，调节【Glow Intensity】为"1.9"，设置【Glow Colors】为"A&B Colors"，设置【Colors A】色彩值为"R：32，768　G：17，733　B：0"，设置【Colors B】色彩值为"R：32，768　G：31，611　B：0"，如图4-3-24所示。在预览窗中观看添加Glow特效后的效果，如图4-3-25所示。

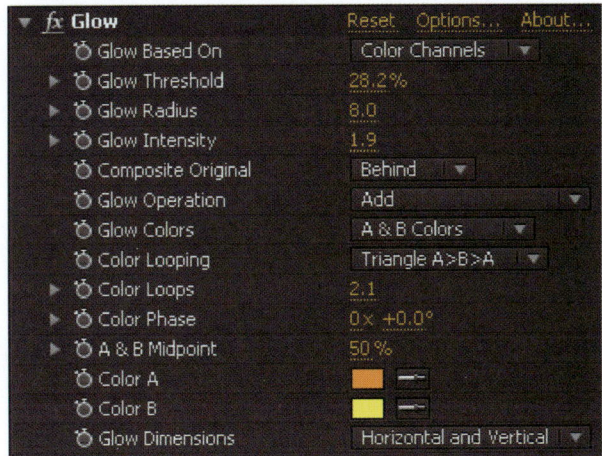

图4-3-24

图4-3-25

16. 在时间线编辑区中，选择"huan"合成层与"罗盘.jpg"层，按【Ctrl+Shift+C】合并成一个预置合成层，并改名为"luopan"，单击【OK】按钮，如图4-3-26所示。

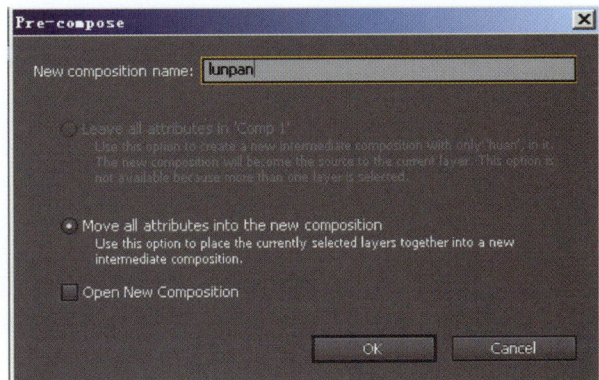

图4-3-26

123

创建镜头光晕效果并设定关键帧动画

17. 新建一个新的黑色固态层，选择【Layer】>【New】>【Solid】命令，弹出【Solid Settings】（固态层设置）对话框，设定名称为 "lens flare"，然后点击【Make Comp Size】，设定【Color】颜色为黑色，单击【OK】按钮，如图4-3-27所示。然后将 "lens flare" 层置于 "luopan" 层的上方。

18. 给新建的 "lens flare" 固态层添加Lens Flare和Hue/Saturation特效。选择 "lens flare" 层，点击【Effect】>【Generate】>【Lens Flare】命令，再点击【Effect】>【Color Correction】>【Hue/Saturation】命令。在特效编辑区调整【Lens Flare】的参数，调节其位置【Flare Center】为 "716.0, −52.0"，【Flare Brightness】为 "107%"，将镜头种类【Lens Type】改为 "105mm Prime"。调整【Hue/Saturation】的参数，勾选【Colorize】并调节其参数，调节【Colorize Hue】为 "1x+24.0°"，【Colorize Saturation】为 "54"，如图4-3-28所示。在预览窗中观看添加特效后的效果，如图4-3-29所示。

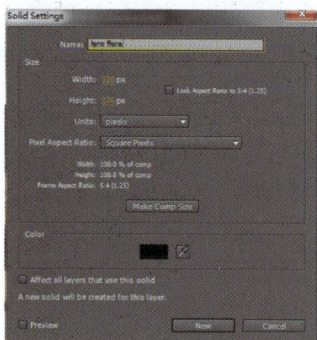

图4-3-27

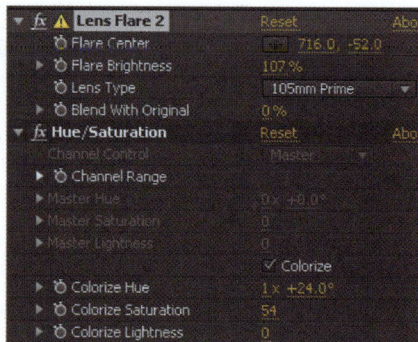

图4-3-28

图4-3-29

19. 给镜头光晕做一个从上至下的运动动画。将时间线光标调整至0帧处，在特效编辑区设置插件的动画效果，将【Flare Center】前的关键帧记录器激活，激活后的按钮变为，在时间线中会相应出现关键帧（菱形）标志，表示数值已被记录。在时间线编辑区中将时间光标移至 "0：00：05：11"，返回特效编辑区，设置【Flare Center】参数为 "832.0, 566.0"，在时间线编辑区中，修改 "lens flare" 的叠加模式为 "Add"，如图4-3-30所示。

20. 在时间线编辑区中，使其光线更为强烈，选择 "lens flare" 固态层，按【Ctrl+D】复制一层名为 "lens flare2"，如图4-3-31所示。在预览窗中观看效果，如图4-3-32所示。

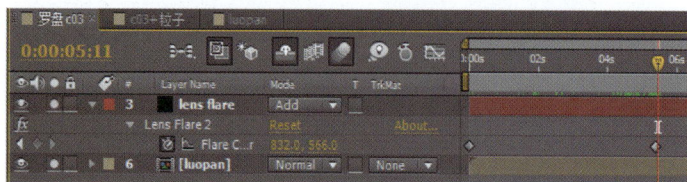

图4-3-30

图4-3-31

图4-3-32

导入素材元素并设置动画效果

21. 选择【File】>【Import】>【File】命令，弹出【Import File】（导入素材）对话框，选择"达芬奇密码03.psd"素材文件，单击【打开】按钮，如图4-3-33所示。然后在弹出的psd设置窗口中，设置【Import Kind】为"Composition-Retain Layer Sizes"，在弹出的对话框中单击【OK】按钮，完成psd素材的导入，如图4-3-34所示。

图4-3-33

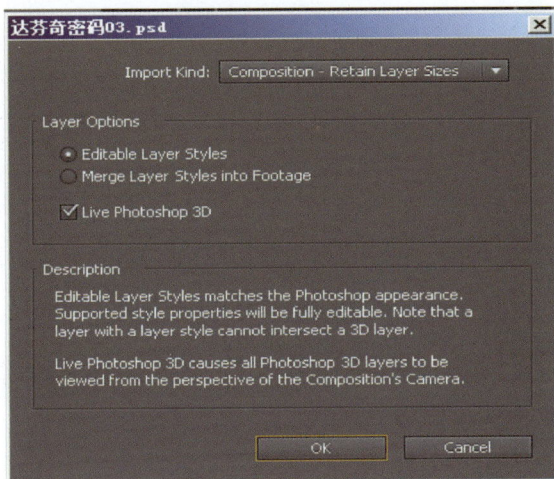

图4-3-34

22. 在【Project】素材管理区中双击合成窗口"达芬奇密码03"将其展开，在时间线编辑区中，将第2～9层的眼睛 关掉，如图4-3-35所示。在预览窗中观看效果，如图4-3-36所示。

图4-3-35

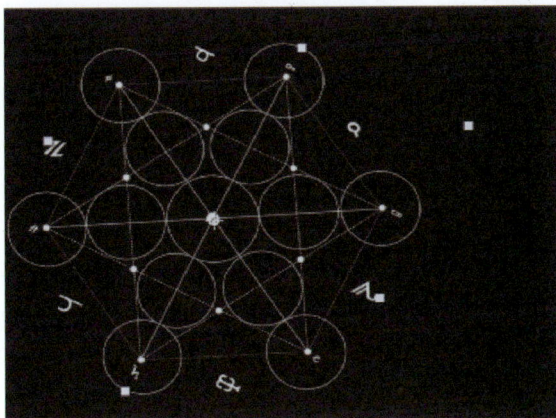

图4-3-36

23. 在"达芬奇密码03"合成层中，选中第一层，按快捷键【R】为Rotation设置旋转动画，将时间线光标调整至0帧处，将Rotation的关键帧记录器激活，将关键帧数值调整为"0.0°"，在时间线编辑区中将时间光标移至"0：00：09：24"，将关键帧数值调整为"0x+100.0°"，如4-3-37所示。

图4-3-37

24. 在时间线编辑区上方，切回到合成窗口"罗盘c03"。返回到【Project】素材管理区中选中合成窗口"达芬奇密码03"，并拖动到合成窗口"罗盘c03"的时间线编辑区中，并让它放入到"luopan"上面，更改"达芬奇密码03"叠加模式为Luminosity，如图4-3-38所示。

图4-3-38

25. 给"达芬奇密码03"增加一个Glow特效。点击【Effect】>【Stylize】>【Glow】命令，在特效编辑区调整【Glow】的参数，调节【Glow Threshold】为"25.9%"，调节【Glow Radius】为"1.0"，调节【Glow Intensity】为"1.4"，如图4-3-39所示。在预览窗中观看效果，如图4-3-40所示。

图4-3-39

图4-3-40

三维场景的搭建

26. 新建摄像机，在时间线编辑区空白处单击右键，选择【New】>【camera】命令，弹出【Camera Settings】对话框，在场景中创建摄像机，设置其参数，设置【Preset】为"Custom"，【Units】为"millimeters"，【Measure Film Size】为"Horizontally"，【Zoom】为"533.00mm"，如图4-3-41所示。

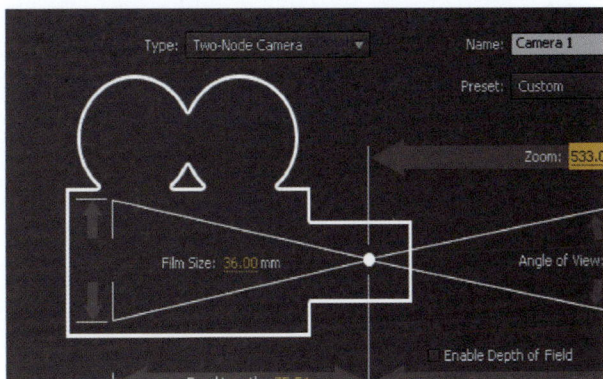

图4-3-41

27. 在时间线编辑区激活"达芬奇密码03"和"luopan"的三维开关，如图4-3-42所示。

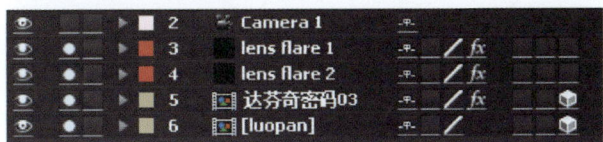

图4-3-42

28. 单击预览区【1 View】按钮，切换视图为【2 Views-Horizontal】选项，如图4-3-43-1所示。将预览区切换为双屏显示，单击激活左视图，选择视图为【Top】，如图4-3-43-2所示。

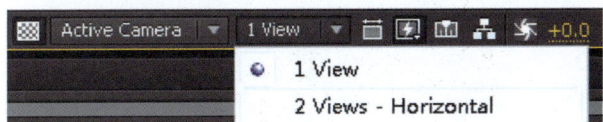

图4-3-43-1

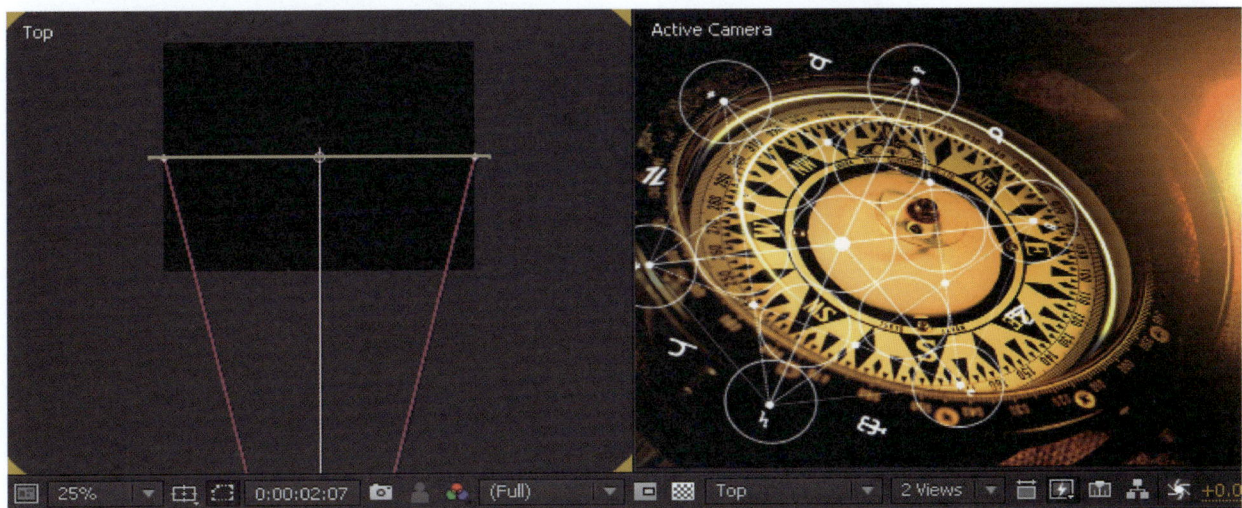

图4-3-43-2

综合调整设置镜头内各元素

29. 选中"达芬奇密码03"和"luopan"两个合成层,按下按键【P】,再按住【Shift】键后按【R】,调整两个合成层的【Orientation】参数为"0.0°,11.0°,0.0°",调整"达芬奇密码03"的【Position】参数为"421.6,288.0,317.0",调整"luopan"的【Position】参数为"421.6,288.0,351.0",如图4-3-44所示。在TOP视图观看位置参考,如图4-3-45所示。

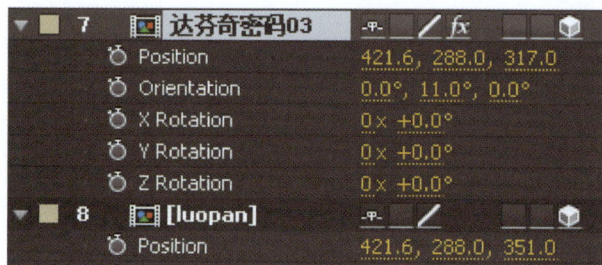

图4-3-44

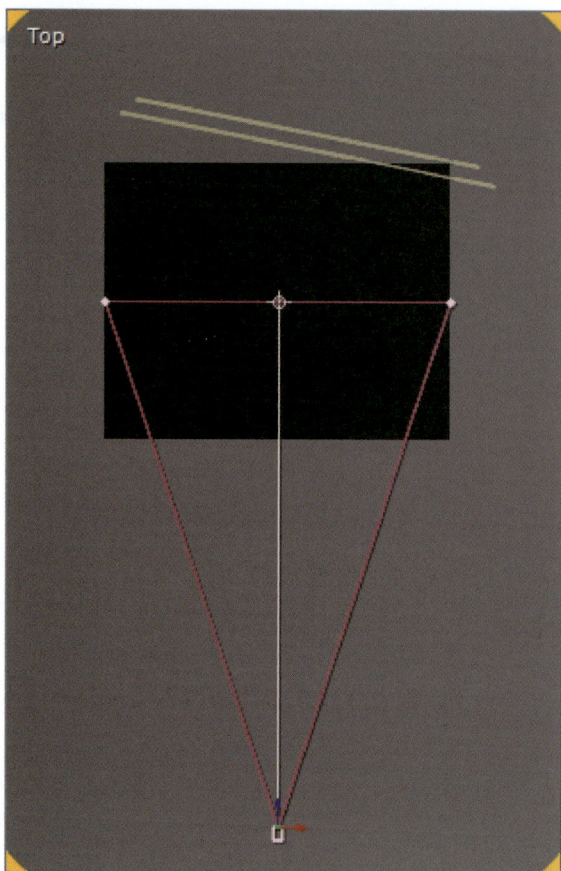

图4-3-45

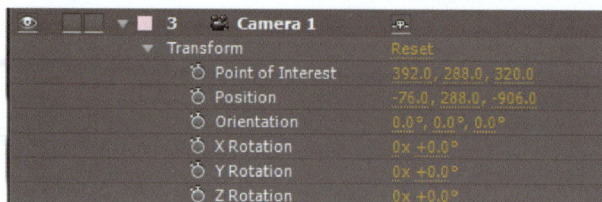

图4-3-46

30. 在时间线编辑区展开摄像机参数并进行设置,【Transform】下,设置【Point of Interset】为"392.0,288.0,320.0",【Position】为"-76.0,288.0,-906.0",如图4-3-46所示。摄像机与图层之间位置关系参考,如图4-3-47所示。

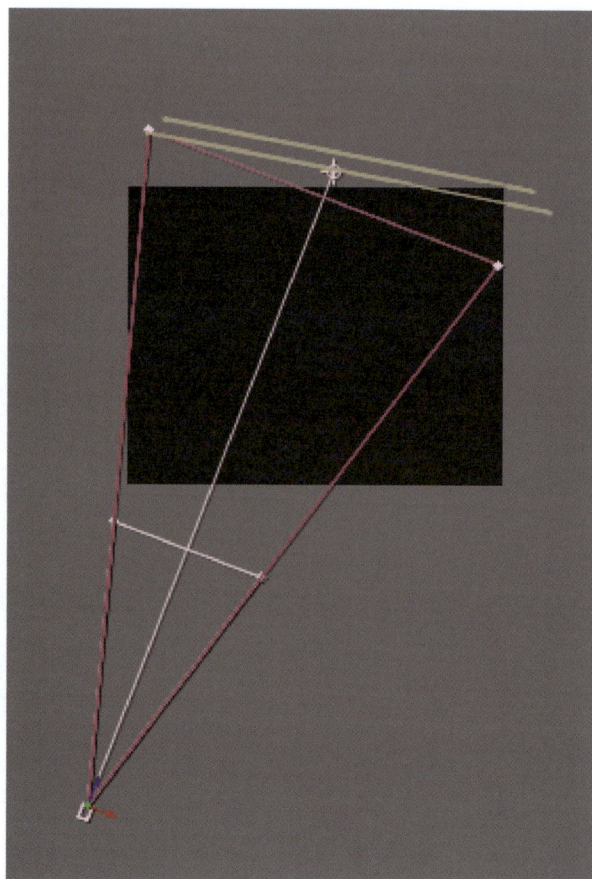

图4-3-47

设置摄像机动画效果

31. 给摄像机设置一个拉镜头的动画。将时间线光标调整至0帧处，在【Camera Options】下，设置摄像机【Depth of Field】为"On"。设置【Blur Level】为"416%"。把【Zoom】、【Focus Distance】、【Aperture】三项之前的 关键帧记录器激活，激活后的按钮变为 ，设置【Zoom】为"1511.0 pixels"，【Focus Distance】为"1691.0 pixels"，【Aperture】为"1613.0 pixels"。在时间线中会相应出现关键帧（菱形）标志，表示数值已被记录。将时间光标移至"0：00：01：19"，【Focus Distance】为"1298.0 pixels"，【Aperture】为"0.0 pixels"。将时间光标移至"0：00：04：14"，【Focus Distance】为"1191.0 pixels"，【Aperture】为"0.0 pixels"。将时间光标移至"0：00：05：11"，设置【Zoom】为"1295.0Pixels"，【Focus Distance】为"530.0 pixels"，【Aperture】为"1113.0 pixels"。如图4-3-48所示。最后对关键帧进行圆滑处理。框选Zoom关键帧，在关键帧上单击右键，在弹出的菜单中点击【Keyframe Assistant】>【Easy Ease】，如图4-3-49所示。对关键帧进行圆滑处理，Easy Ease以后的关键帧由 变成 ，如图4-3-50所示。拖动时间轴，观看设置摄像机动画后的效果，如图4-3-51所示。

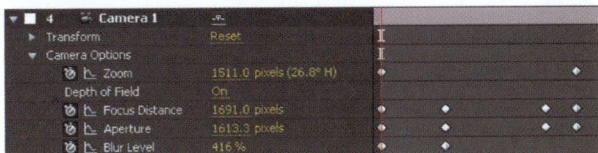

图4-3-48

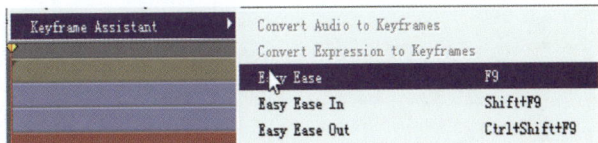

图4-3-49

图4-3-50

图4-3-51

导入粒子素材并调整设置

32. 导入名为"Animation 01"的粒子序列图片，选择【File】>【Import】>【File】命令，弹出【Import File】（导入素材）对话框，选择"Animation 01-00116.tga"素材文件，注意勾选下方的【Targa Sequence】选项，单击【打开】按钮，如图4-3-52所示。然后在弹出的设置窗口中，选择"Straight-Unmatted"，单击【OK】按钮，完成"Animation 01"素材的导入，如图4-3-53所示。

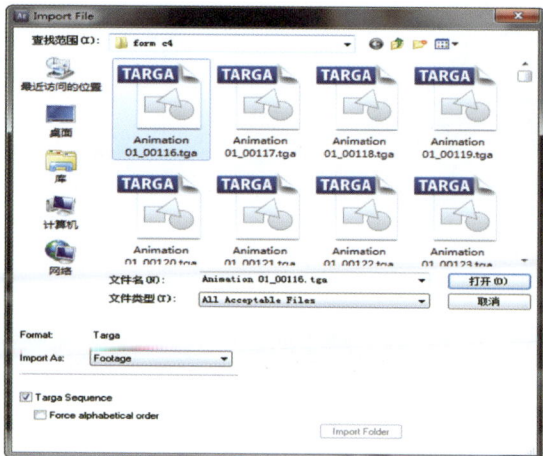

图4-3-52

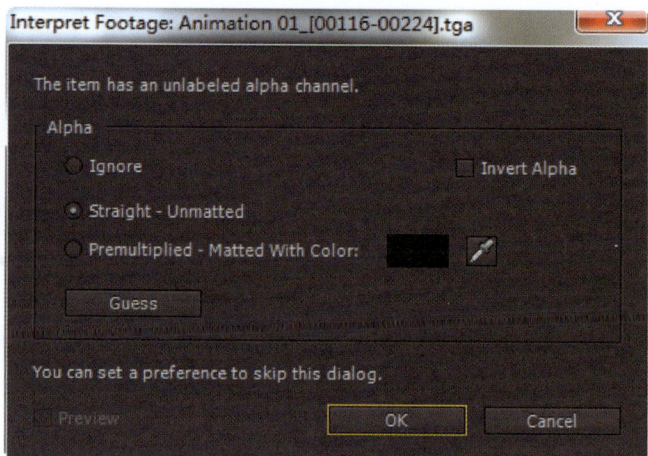

图4-3-53

33. 更改"Animation 01"的图层帧速率。在【Project】素材管理区选中素材"Animation 01"，再单击右键，在菜单中选择【Interpret Footage】>【Main】，如图4-3-54所示。在弹出的对话框中，将Frame Rate下的【Assume this frame rate】设定为"25frames per second"，如图4-3-55所示。

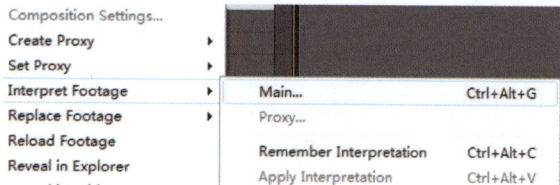

图4-3-54

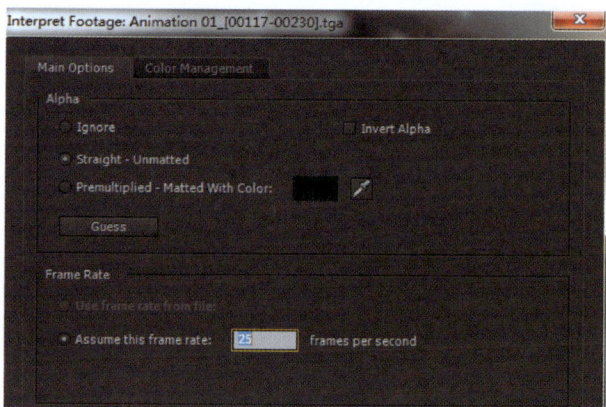

图4-3-55

34. 在【Project】素材管理区选中素材"Animation 01"，拖动到时间线编辑区中，并与合成层的开始端对齐，如图4-3-54所示。将"Animation 01"按【Ctrl+D】键复制一层，第一层叠加模式改为"Screen"，第二层叠加模式改为"Add"，如图4-3-57所示。

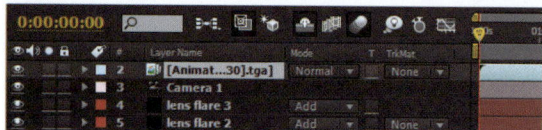

图4-3-56

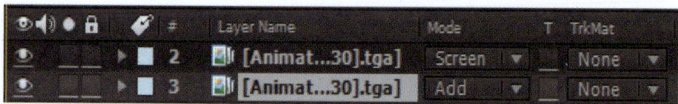

图4-3-57

35. 在时间线编辑区中，选择第一层 "Animation 01" 增加一个Levels (Individual Controls) ⑩特效。选择 "Animation 01" 层，点击【Effect】>【Color Correction】>【Levels (Individual Controls)】命令，在特效编辑区调整【Levels (Individual Controls)】的参数，【RGB】下调节【Input Black】为 "12593.2"，调节【Gamma】为 "1.57"，如图4-3-58所示。在预览窗中观看该层添加效果前后的对比，如图4-3-59所示。

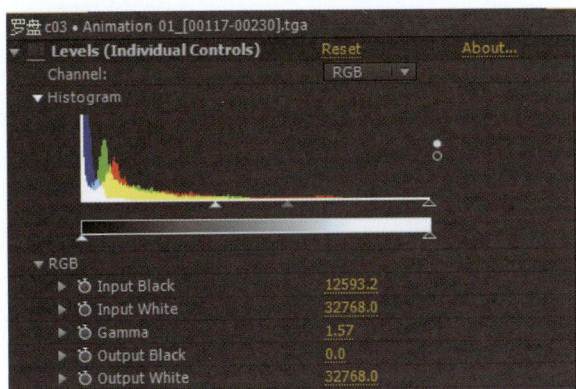

调整前

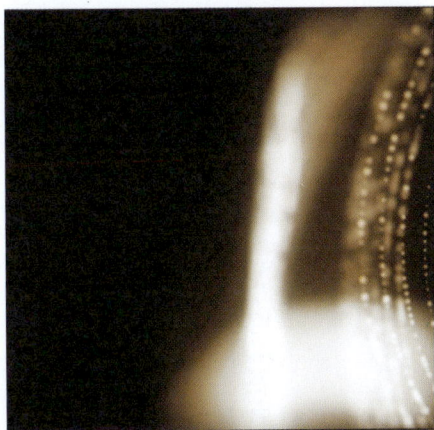

调整后

图4-3-59

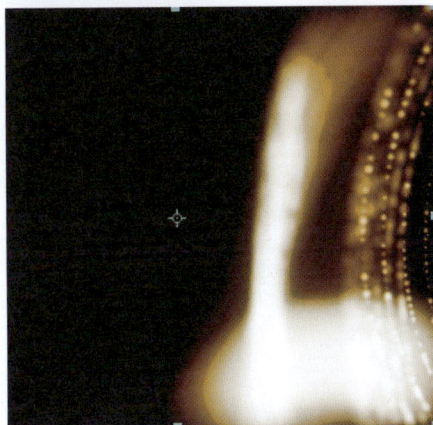

图4-3-58

36. 在时间线编辑区中，选择第二层 "Animation 01" 增加一个Box Blur特效。选择 "Animation 01" 层，点击【Effect】>【Blur&Sharpen】>【Box Blur】命令，在特效编辑区调整【Box Blur】的参数，调节【Blur Radius】为 "10.0"，如图4-3-60所示。

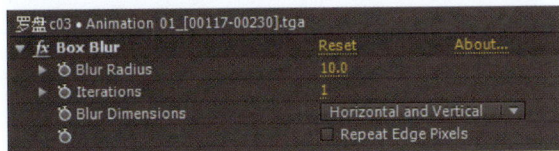

图4-3-60

37. 最后点击数字键盘上的【0】键进行渲染，预览动画效果。如图4-3-61所示。按【Ctrl+S】组合键保存名为 "C03" 的项目工程文件。

调整前

调整后

图4-3-61

131

4.4 模拟制作任务——《藏地密码》场景四：经幡图腾镜头

任务要求

通过后期软件的处理手段和技术方法，利用软件本身的基本工具制作《藏地密码》场景四经幡图腾镜头。在镜头设计上要能够很好地表现出西藏特有的元素，以及神秘的西藏传奇风格。

任务参考效果图

能力目标

■ 掌握应用软件工具来完成片头藏地密码场景四经幡图腾镜头的设计与制作

软件知识目标

■ 钢笔工具和层叠加的综合应用
■ Camera路径动画的应用
■ Lens Flare、Hue/Saturation特效与层叠加的综合应用

新建工程文件导入素材并设置

01. 启动AE后，新建一个合成窗口，选择【Composition】>【New Composition】命令，弹出【Composition Settings】对话框，把【Composition Name】取名为"C04"，将【Width】调整为"720"，【Height】为"576"；再将【Pixel Aspect Ratio】设定为"Square Pixels"；【Duration】(时长)设定为"15"秒，如图4-4-1所示，单击【OK】按钮，完成项目工程文件的设置。

02. 选择【File】>【Import】>【File】命令，弹出【Import File】(导入素材)对话框，选择"经幡图腾.psd"素材文件，单击【打开】按钮，如图4-4-2所示。然后在弹出的psd设置窗口中，设置【Import kind】为"Composition-Retain Layer Sizes"，在弹出的对话框中单击【OK】按钮，完成psd素材的导入，如图4-4-3所示。

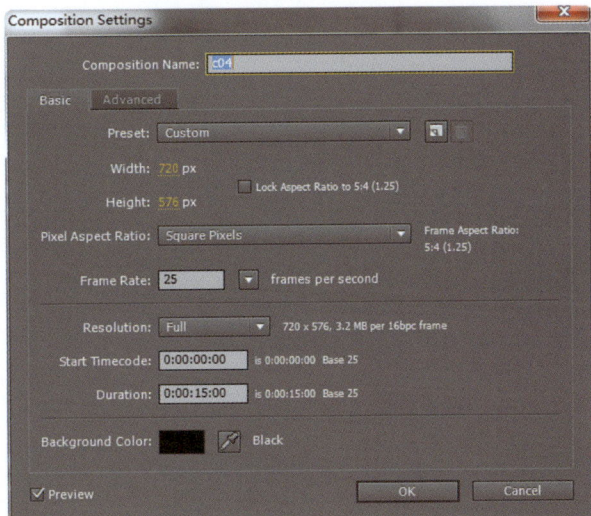

图4-4-1

图4-4-2

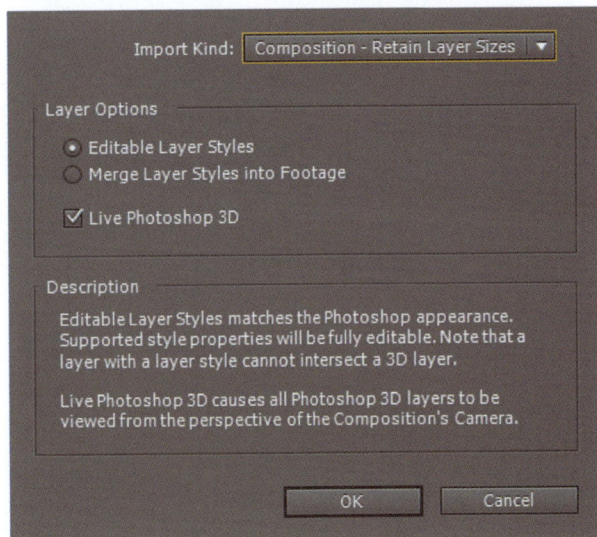

图4-4-3

03. 在【Project】素材管理区中双击合成窗口"经幡图腾"将其展开，如图4-4-4所示。在时间线编辑区中，将第2层、第3层的眼睛 关掉，如图4-4-5所示。在预览窗中观看效果，如图4-4-6所示。

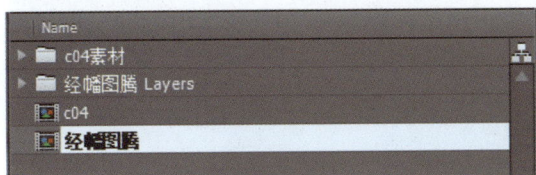

图4-4-4

图4-4-5

图4-4-6

04. 在时间线编辑区上方，切回到合成窗口"C04"。返回到【Project】素材管理区中选中合成窗口"经幡图腾"，并拖动到合成窗口"C04"的时间线编辑区中，如图4-4-7所示。按【Ctrl+Alt+F】组合键将"经幡图腾"与合成窗口大小匹配，如图4-4-8所示。

匹配前　　　　　匹配后

图4-4-8

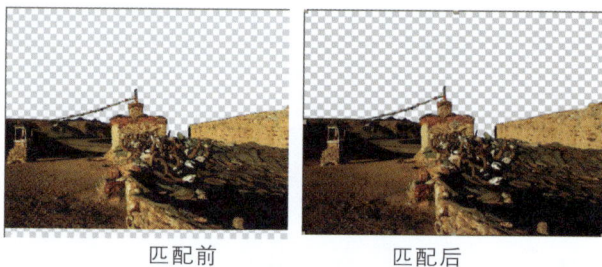

图4-4-7

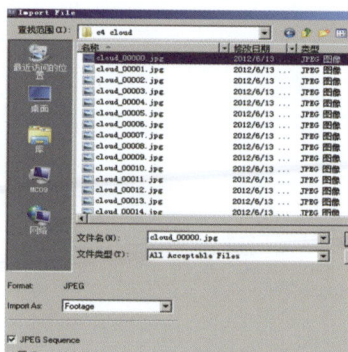

图4-4-9

05. 导入名为cloud的序列图片，选择【File】>【Import】>【File】命令，弹出【Import File】（导入素材）对话框，选择"cloud-00000.jpg"素材文件，注意勾选下方的【JPEG Sequence】选项，单击【打开】按钮，如图4-4-9所示。并拖到时间线上，如图4-4-10所示。

图4-4-10

06. 在时间线编辑区中，选中cloud序列图层，按【S】键调整大小，【Scale】参数为"88.0，88.0%"，如图4-4-11所示。在预览窗口中观看效果，如图4-4-12所示。

图4-4-11

图4-4-12

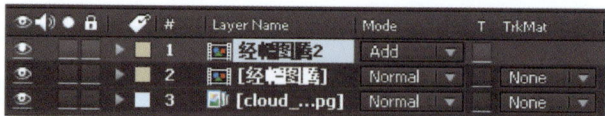

图4-4-13

07. 在时间线编辑区中，使其光线更为强烈，选择"经幡图腾"合成层，按【Crl+D】键复制一层名为"经幡图腾2"，并将叠加模式改为"Add"，如图4-4-13所示。在预览窗中观看效果，如图4-4-14所示。

图4-4-14

使用遮罩修整画面

08. 在时间线编辑区中，选中"经幡图腾2"合成层，使用钢笔工具 ✒️ 勾出一个闭合路径来创建一个Mask遮罩。然后使用选择工具 ▶️，结合钢笔工具下的【Convert Vertex Tool】工具 ⌐，移动钢笔节点来调整遮罩形状及大小，在预览窗中观看该层的遮罩效果，如图4-4-15所示。

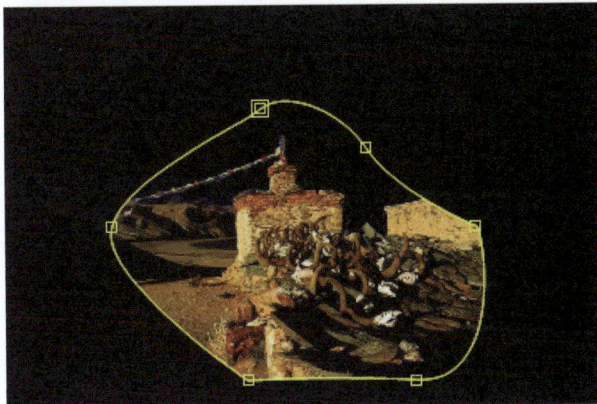

图4-4-15

09. 展开"经幡图腾2"合成层的Mask1，调整Mask Feather羽化值，【Mask Feather】数值为"217.0，217.0 pixels"，【Mask Expansion】数值为"-28.0 pixels"，如图4-4-16所示。在预览窗中观看调整后的效果，如图4-4-17所示。

图4-4-16

调整前

调整后

图4-4-17

创建镜头光晕效果并设定关键帧动画

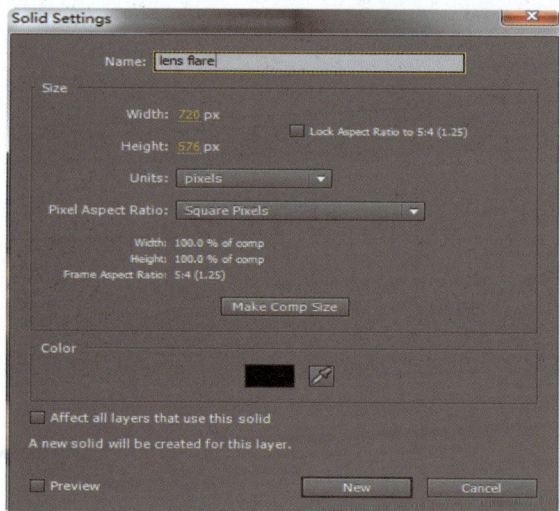

图4-4-18

10. 然后新建一个新的黑色固态层，选择【Layer】>【New】>【Solid】命令，弹出【Solid Settings】（固态层设置）对话框，设定名称为"lens flare"，然后点击【Make Comp Size】，设定【Color】颜色为黑色，单击【OK】按钮，如图4-4-18所示。然后将"lens flare"层置于"经幡图腾"层的下方。如图4-4-19所示。

图4-4-19

11. 给新建的"lens flare"固态层添加一个Lens Flare特效和Hue/Saturation特效。选择"lens flare"层，点击【Effect】>【Generate】>【Lens Flare】命令，再点击【Effect】>【Color Correction】>【Hue/Saturation】命令。在特效编辑区调整【Lens Flare】的参数，调节其位置【Flare Center】为"620.0,-7.6"，【Flare Brightness】为"108%"，将镜头种类【Len Type】改为"105mm Prime"。调整【Hue/Saturation】的参数，勾选【Colorize】并调节其参数，调节【Colorize Hue】为"1x+24.0°"，【Colorize Saturation】为"54"，如图4-4-20所示。在预览窗中观看添加特效后的效果。如图4-4-21所示。

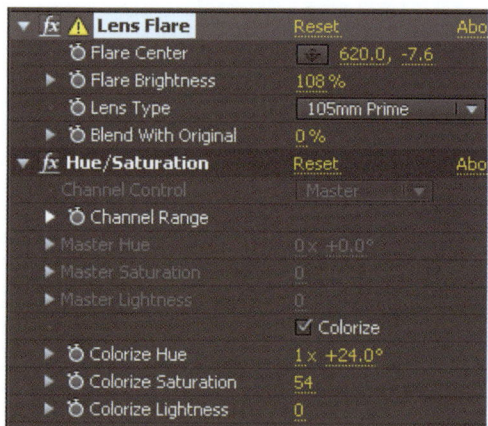

图4-4-20

图4-4-21

12. 给镜头光晕做一个从右往左的运动动画。将时间线光标调整至0帧处，在特效编辑区设置插件的动画效果，将【Flare Center】前的 ⏱ 关键帧记录器激活，激活后的按钮变为 ⏱，在时间线中会相应出现关键帧（菱形）标志，表示数值已被记录。在时间线编辑区中将时间光标移至"0:00:11:01"，返回特效编辑区，设置【Flare Center】参数为"56.0，−11.6"，在时间线编辑区中，修改"lens flare"的叠加模式为Add，如图4−4−21所示。在预览窗中观看调整后的效果，如图4−4−23所示。

图4−4−22

图4−4−23

13. 在时间线编辑区中，把"经幡图腾"合成层的叠加模式改为"Overlay"。选择"lens flare"固态层，按【Ctrl+D】复制一层名为"lens flare 2"，拖到图层的最上方，并更改叠加模式为"Screen"，如图4−4−24所示。修改后的效果如图4−4−25所示。

图4−4−24

图4−4−25

137

三维场景的搭建

14. 新建摄像机，在时间线编辑区空白处单击右键，选择【New】>【Camera】命令，弹出【Camera Settings】对话框，在场景中创建摄像机，设置其参数，设置【Preset】为"Custom"，【Units】为"millimeters"，【Measure Film Size】为"Horizontally"，【Zoom】为"439.57mm"，【Angle of View】为"32.23°"，如图4-4-26所示。

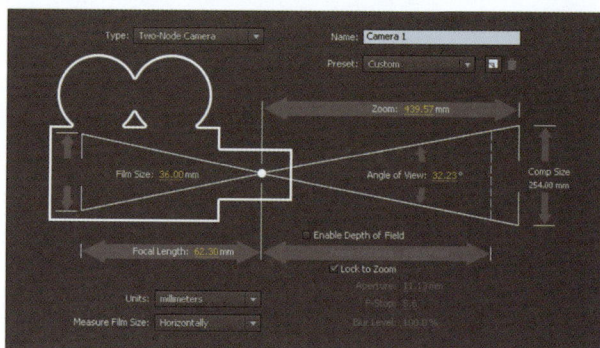

图4-4-26

15. 在时间线编辑区激活除固态层以外所有图层后面的三维开关 ，如图4-4-27所示。

图4-4-27

16. 单击预览区【1 View】按钮，切换视图为【2 Views-Horizontal】选项，如图4-4-28所示。将预览区切换为双屏显示，单击激活左视图，选择视图为【Top】，如图4-4-29所示。

4-4-28

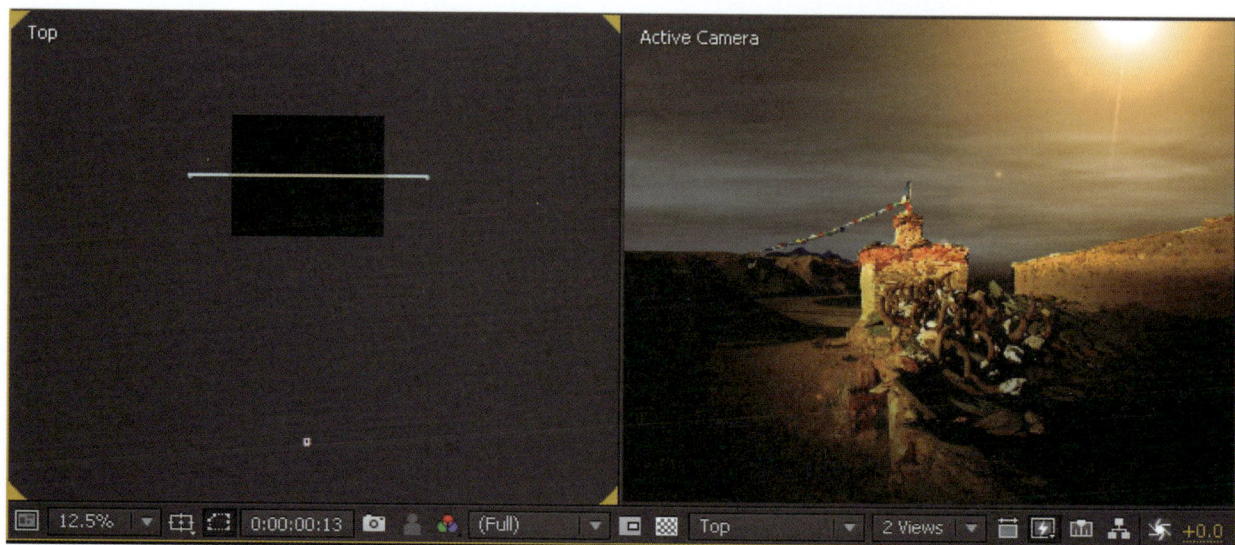

图4-4-29

设置摄像机动画效果

17. 为摄像机添加预置路径动画。将时间线光标调整至0帧处，选择摄像机"Camera1"，点击菜单栏下【Animation】>【Apply Animation Presets...】命令，如图4-4-30所示。在打开预置动画对话框中，选择"c4 camera.ffx"文件，单击【打开】按钮，如图4-4-31所示。在Top窗口中观看Camera1添加的运动路径，如图4-4-32所示。设置调整完摄像机后，单击预览区【2 Views-Horizontal】按钮，将视图切回【1 View】选项。

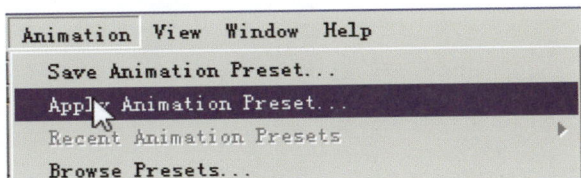

图4-4-30

图4-4-31

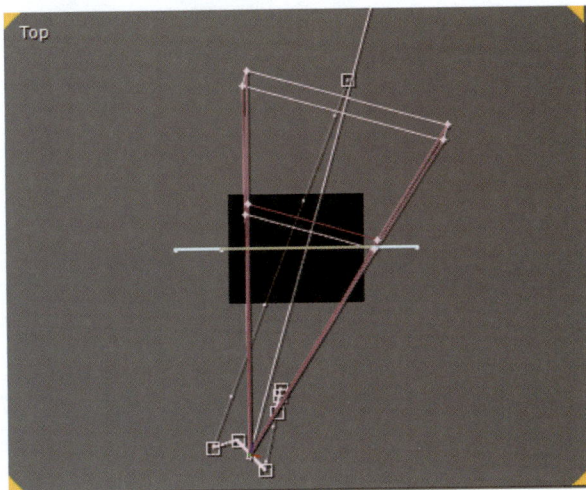

图4-4-32

导入素材元素并调整设置

18. 导入名为"c4 particle"的序列图片，选择【File】>【Import】>【File】命令，弹出【Import File】（导入素材）对话框，选择"c4 particle-00000.tga"素材文件，注意勾选下方的【Targa Sequence】选项，单击【打开】按钮，如图4-4-33所示。然后在弹出的设置窗口中，选择"Straight-Unmatted"，单击【OK】按钮，完成"c4 particle"素材的导入，如图4-4-34所示。

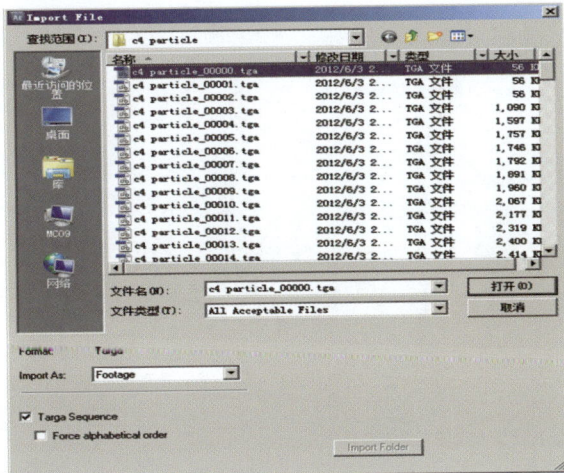

图4-4-33

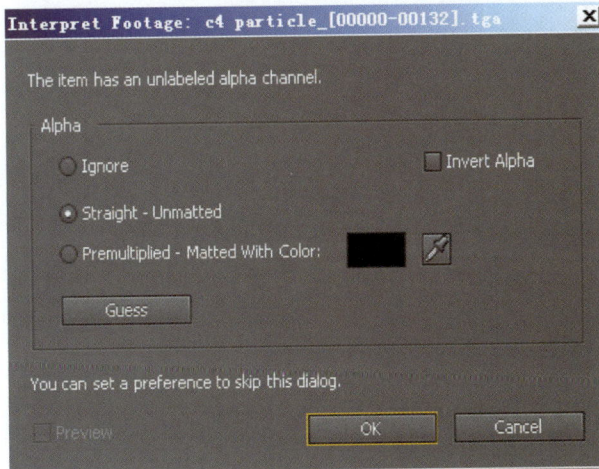

图4-4-34

19. 接着导入名为"c4 particle02"的序列图片,选择【File】>【Import】>【File】命令,弹出【Import File】(导入素材)对话框,选择"c4 particle02-00000.tga"素材文件,勾选下方的【Targa Sequence】选项,单击【打开】按钮。然后在弹出的设置窗口中,选择"Straight-Unmatted",单击【OK】按钮,完成"c4 particle2"素材的导入。

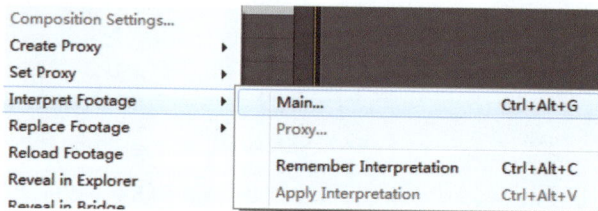

图4-4-35

20. 更改"c4 particle"和"c4 particle02"的图层帧速率。在【Project】素材管理区选中素材"c4 particle",再单击右键,在菜单中选择【Interpret Footage】>【Main】,如图4-4-35所示。在弹出的对话框中,将【Frame Rate】下的【Assume this frame rate】设定为"24frames per second",如图4-4-36所示。用同样方式再次设置"c4 particle02"的图层帧速率。

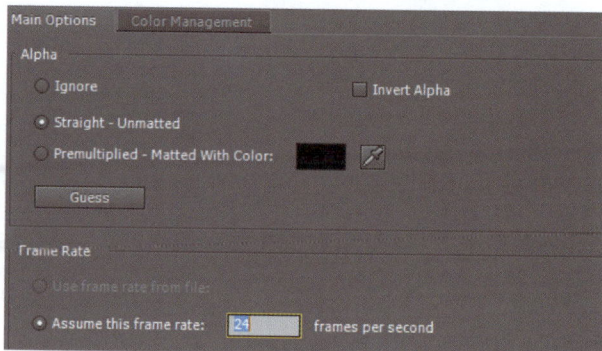

图4-4-36

21. 在【Project】素材管理区选中素材"c4 particle"和"c4 particle02",拖动到时间线编辑区中,将"c4 particle"叠加模式改为"Screen","c4 particle02"叠加模式改为"Add",如图4-4-37所示。

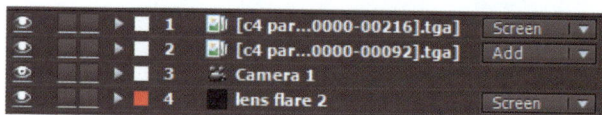

图4-4-37

22. 最后点击数字键盘上的【0】键进行渲染,预览动画效果。如图4-4-38所示。按【Ctrl+S】组合键保存名为"C04"的项目工程文件。

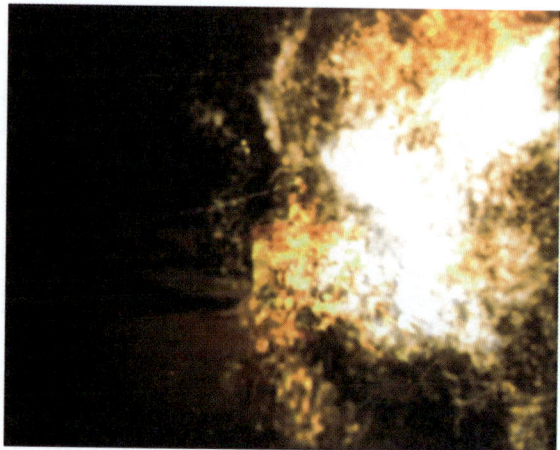

图4-4-38

4.5　模拟制作任务——《藏地密码》场景五：定版镜头

任务要求

　　通过后期软件的处理手段和技术方法，利用软件本身的基本工具制作藏地密码场景五　定版镜头。在镜头设计上要能够很好地表现出西藏特有的元素，以及神秘的西藏传奇风格。

任务参考效果图

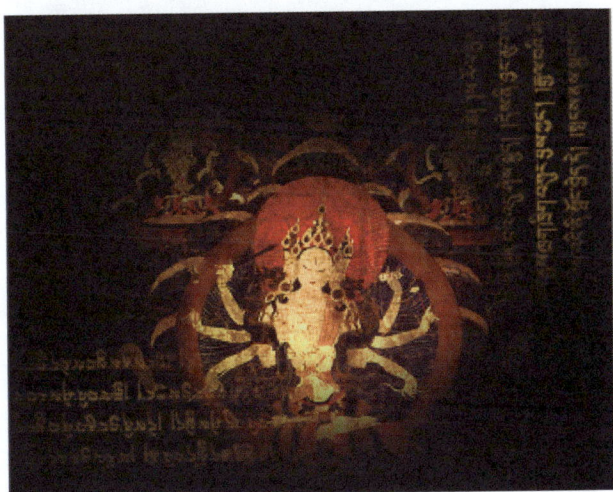

能力目标

■　掌握应用软件工具来完成片头《藏地密码》场景五定版镜头的设计与制作

软件知识目标

■　钢笔工具和层叠加的综合应用
■　Camera路径动画的应用
■　Lens Flare、Hue/Saturation特效与层叠加的综合应用

以项目工程文件模式导入PSD素材并设置

01. 选择【File】>【Import】>【File】命令,弹出【Import File】(导入素材)对话框,选择"藏地密码ding.psd"素材文件,单击【打开】按钮,如图4-5-1所示。然后在弹出的psd设置窗口中,设置【Import Kind】为"Composition-Retain Layer Sizes",在弹出的对话框中单击【OK】按钮,完成psd素材的导入,如图4-5-2所示。

图4-5-2

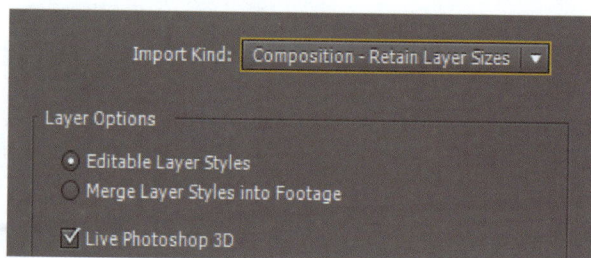

图4-5-1

02. 在【Project】素材管理区中双击合成窗口"藏地密码ding" 将其展开,选择【Composition】>【Composition Settings】命令, 弹出【Composition Settings】对话框,把【Composition Name】取名为"藏地密码c05",设定【Duration】(时长)为30秒,单击【OK】按钮,完成项目工程文件的设置,如图4-5-3所示。

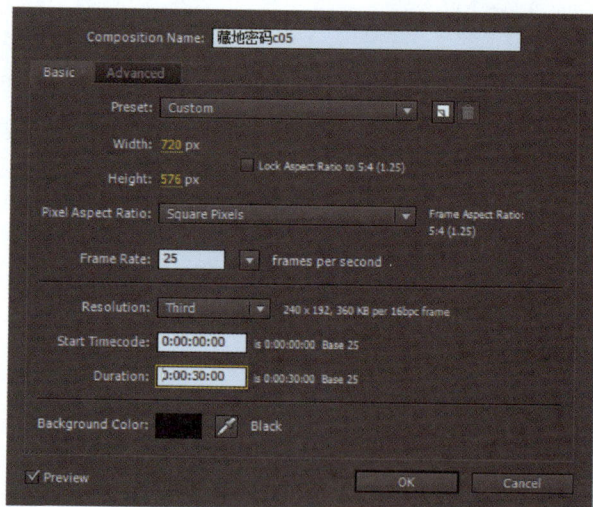

图4-5-3

调整光环并设置动画效果

03. 在时间线编辑区中,保留Layer 16 copy、Layer 4、Layer 2、Background四层,将其余层的眼睛关掉,如图4-5-4所示。

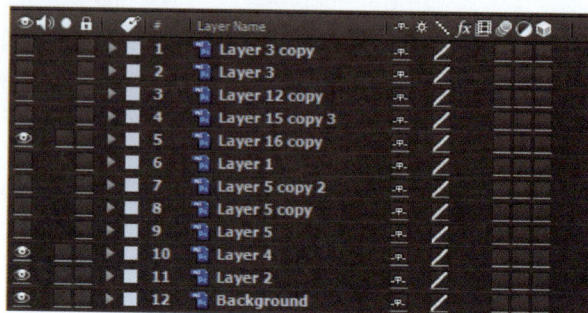

图4-5-4

04. 点击工具栏中的【Pan Behind Tool】工具 ，如图4-5-5所示。在时间线编辑区中，分别选中Layer 4和Layer 2图层，在合成窗口中分别将图层Layer 4和Layer 2的中心点移到该图层画面元素的中间位置，调整中心点，如图4-5-6所示。

图4-5-5

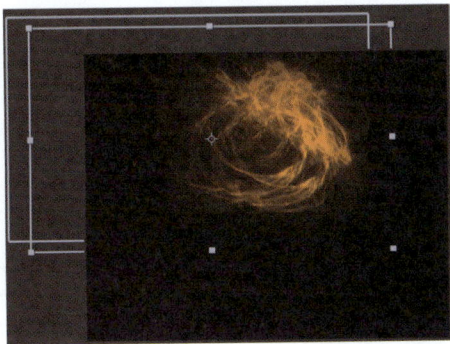
调整前

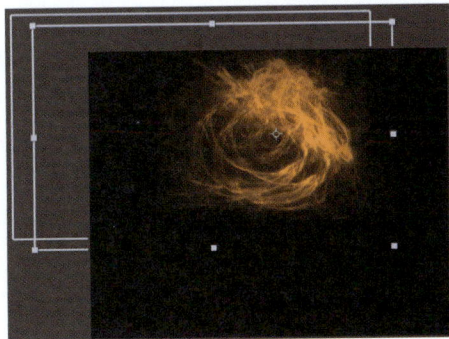
调整后

图4-5-6

05. 按【V】键切回选择工具 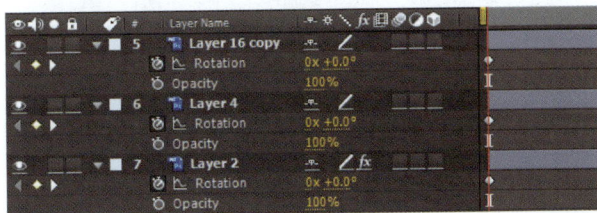，在时间线编辑区中将时间线光标调整至0帧处，选择Layer 16 copy、Layer 4和Layer 2三层，按下快捷键【R】，再按下【Shift+T】调出Rotation和Opacity，将三层【Rotation】前的关键帧记录器 ⏱ 激活，激活后的按钮变为 ⏱，在时间线中会相应出现关键帧（菱形）标志，表示数值已被记录。如图4-5-7所示。将时间光标移至"0:00:19:24"，将Layer 16 copy的关键帧数值调整为"1x+0.0°"；将Layer 4的关键帧数值调整为"2x+0.0°"；将Layer 2的关键帧数值调整为"-2x+0.0°"，如图4-5-8所示。

　　将时间线光标调整至"0:00:05:00"帧处，将Layer 4和Layer 2两层【Opacity】前的关键帧记录器 ⏱ 激活，两层的关键帧数值调整为"0%"，将时间线光标调整至"0:00:06:02"帧处，关键帧数值调整为"100%"。在时间线编辑区中将时间线光标调整至"0:00:06:00"帧处，将Layer 16 copy层Opacity前的关键帧记录器 ⏱ 激活，关键帧数值调整为"0%"，将时间线光标调整至"0:00:07:05"帧处，关键帧数值调整为"100%"，如图4-5-9所示。

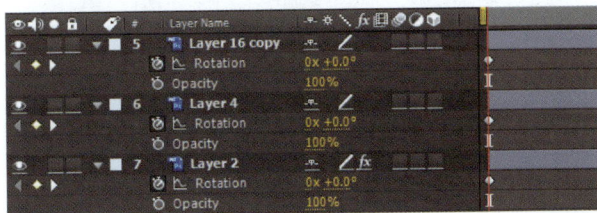
图4-5-7

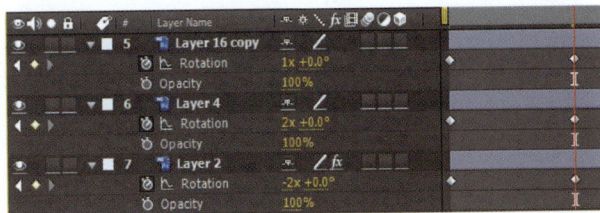
图4-5-8

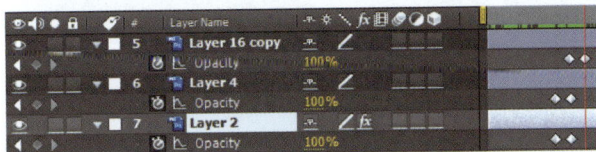
图4-5-9

06. 给Layer 2添加一个Glow特效。在时间线编辑区中选择Layer2，点击【Effect】>【Stylize】>【Glow】命令，如图4-5-10所示。

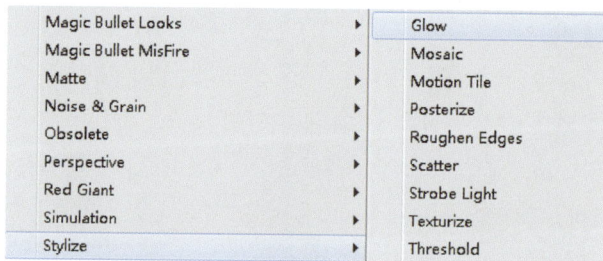

图4-5-10

07. 在特效编辑区调整【Glow】的参数，调整【Glow Threshold】的参数值为"54.1%"，【Glow Radius】的参数值为"10.0"，【Glow Intensity】的参数值为"1.3"，如图4-5-11所示。在预览窗中观看Layer 2添加Glow的效果。如图4-5-12所示。

图4-5-11

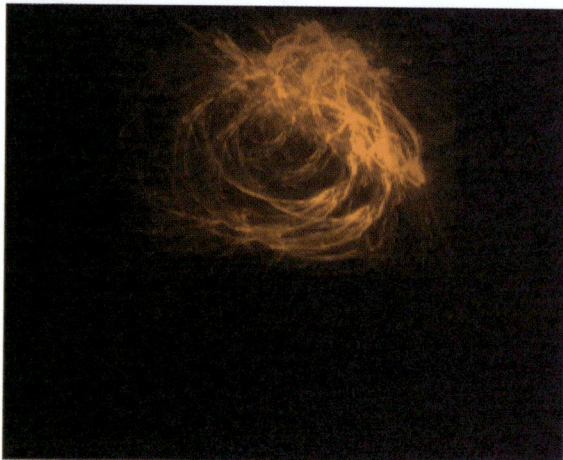

调整前

调整后

图4-5-12

08. 在时间线编辑区中选择Layer 16 copy、Layer 4和Layer 2三层，更改三层的叠加模式为"Add"，如图4-5-13所示。在预览窗中观看效果，如图4-5-14所示。

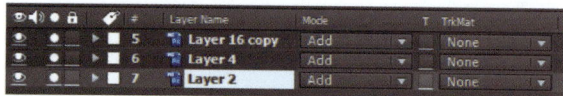

图4-5-13

图4-5-14

144

三维场景的搭建

09. 新建摄像机,在时间线编辑区空白处单击右键,选择【New】>【Camera】命令,弹出【Camera Settings】对话框,在场景中创建摄像机,设置其参数,设置【Preset】为"Custom",【Units】为"millimeters",【Measure Film Size】为"Horizontally",【Zoom】为"385.94mm",如图4-5-15所示。

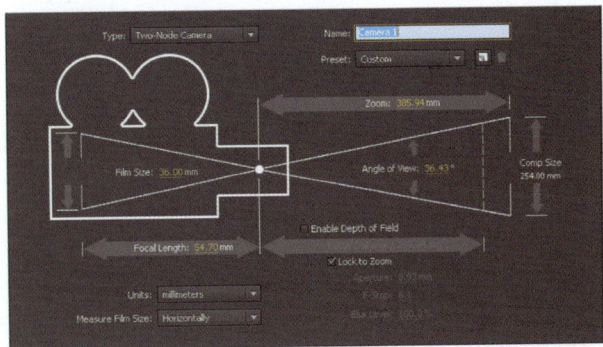

图4-5-15

10. 在时间线编辑区中,激活"Layer 1""Layer 15 copy 3""Layer 5""Layer 5 copy 2"和"Layer 5 copy"五层的三维开关,并且按图层顺序摆放好,如图4-5-16所示。

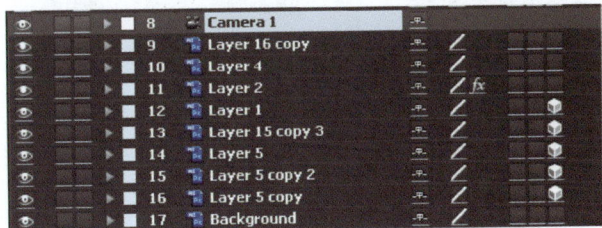

图4-5-16

11. 单击预览区【1 View】按钮,切换视图为【2 Views-Horizontal】选项,将预览区切换为双屏显示,如图4-5-17所示。单击激活左视图,选择视图为【Top】,如图4-5-18所示。

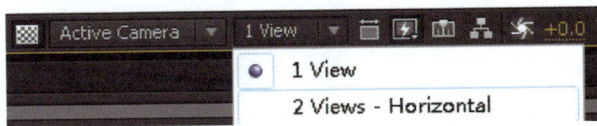

图4-5-17

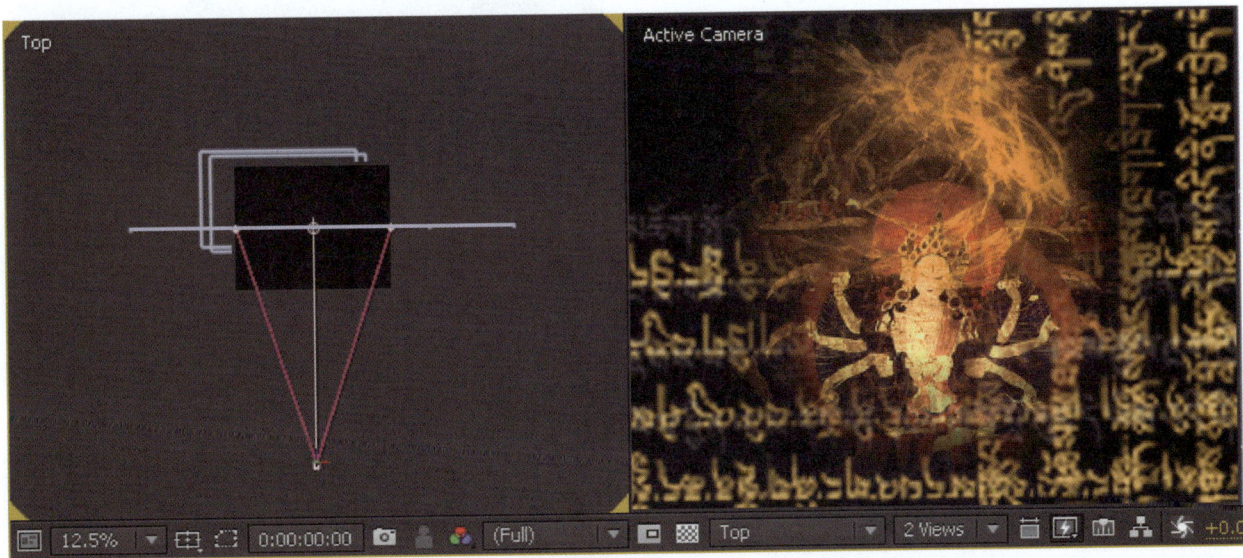

图4-5-18

综合调整设置镜头内各元素

12. 将Layer 1、Layer 5 copy 2、Layer 5 copy三层前的Solo-Hides all non-solo video■[1]激活，如图4-5-19所示。只显示该三层，其余几层在预览窗口中被隐藏，如图4-5-20所示。

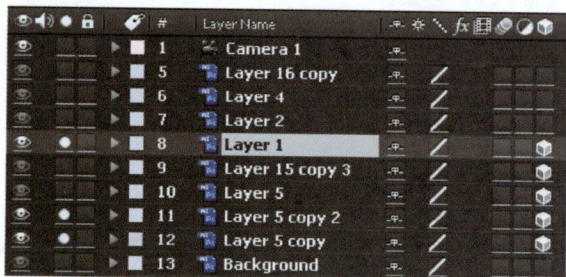

图4-5-19

图4-5-20

13. 分别选中"Layer 5 copy 2"和"Layer 5 copy"，在Top视图中沿Z轴往上移，调整图层位置，如图4-5-21所示。或者按下按键【A】，再按住【Shift】键后按【P】，调整"Layer 5 copy 2"的【Anchor Point】位置参数为："691.5, 161.0, 0.0"，【Position】位置参数为"57.7, 696.4, 1220.0"，调整"Layer 5 copy"的【Anchor Point】位置参数为"161.5, 691.0, 0.0"，【Position】位置参数为"896.1, 115.9, 1056.0"，如图4-5-22所示。

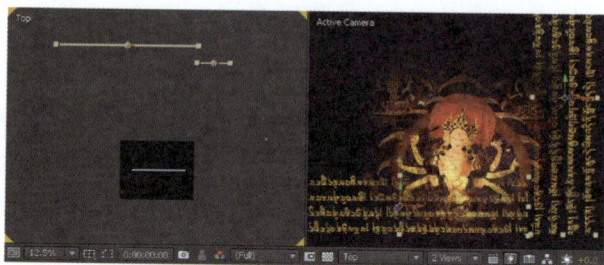

图4-5-21

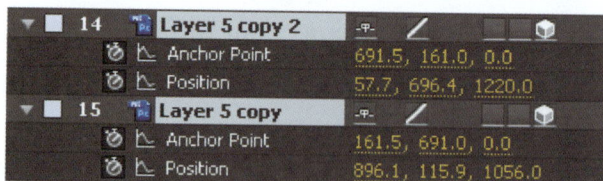

图4-5-22

14. 将Layer 5 copy 和Layer 5 copy 2分别创建预置合成层。在时间线编辑区中，选择Layer 5 copy 2按【Ctrl+Shift+C】（热键）合并成一个预置合成层[2]，弹出【Pre-Compose】对话框，如图4-5-23所示。把【New composition name】取名为"Layer 5 copy 2 Comp"，选择【Leave all attributer in】选项，单击【OK】按钮。如法炮制，创建Layer 5 copy的预置合成层。操作完成后，时间线上的Layer 5 copy和Layer 5 copy 2素材层分别转变为了两个合成层，如图4-5-24所示。

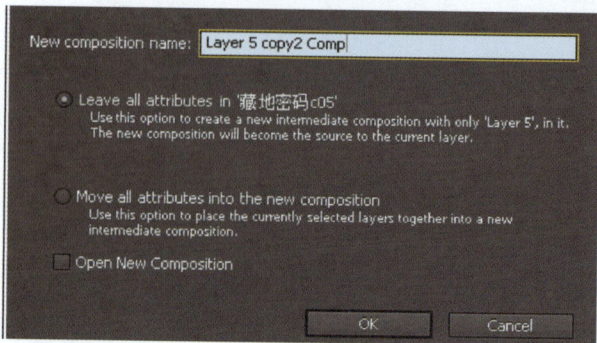

图4-5-23

图4-5-24

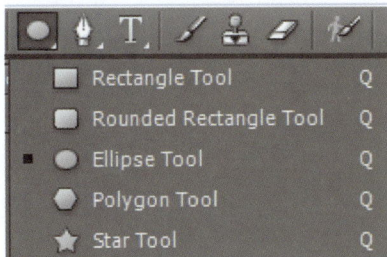

图4-5-25

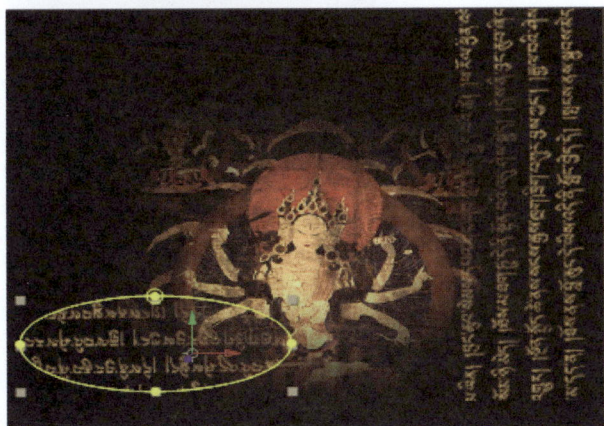

图4-5-26

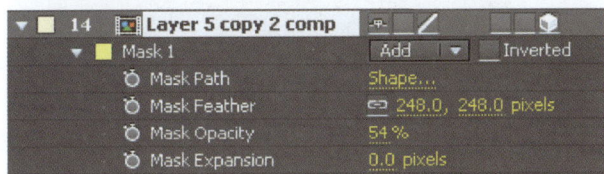

图4-5-27

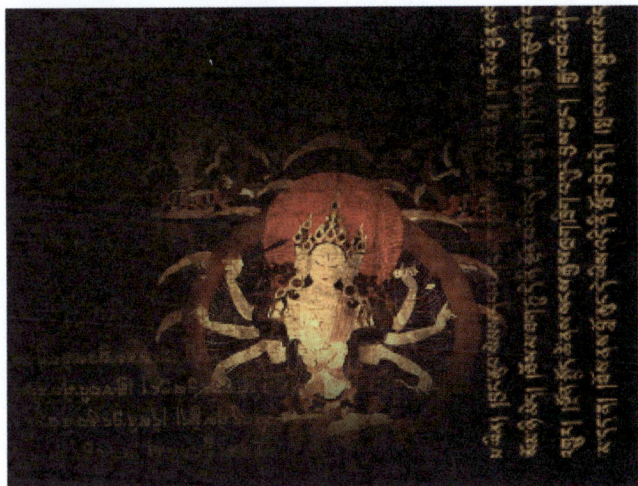

图4-5-29

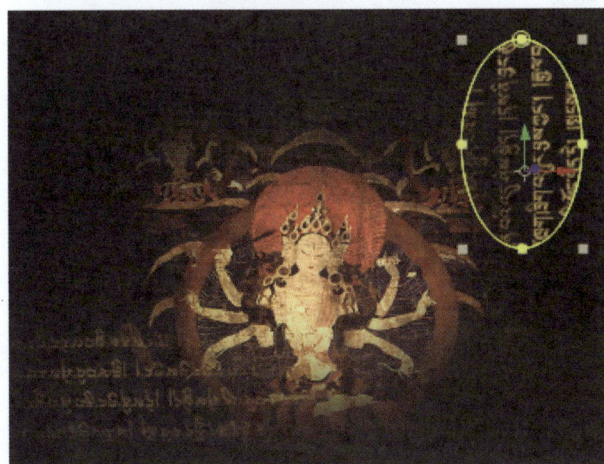

图4-5-30

15. 选择工具栏中的【Ellipse Tool】工具，如图4-5-25所示。在时间线编辑区中，单击"Layer 5 copy 2 comp"合成层，在合成预览窗口中画出一个遮罩，并用选择工具调整好位置，遮罩形状如图4-5-26所示。展开"Layer 5 copy 2 comp"合成层的Mask 1，调整【Mask Feather】羽化值，【Mask Feather】数值为"248.0，248.0 pixels"，【Mask Opacity】数值为"54%"，如图4-5-27所示。在预览窗口中观看调整羽化值后的效果，如图4-5-28所示。

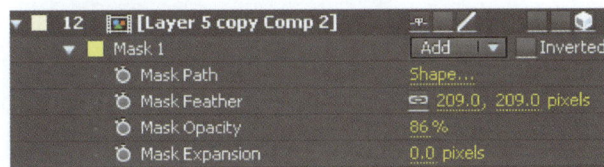

图4-5-28

16. 如法炮制将"Layer 5 copy comp"合成层创建一个遮罩。遮罩形状如图4-5-29所示。展开"Layer 5 copy comp 2" 合成层的Mask 1，调整【Masks Feather】羽化值，【Mask Feather】数值为"209.0，209.0 pixels"，【Mask Opacity】数值为"86%"，如图4-5-30所示。效果如图4-5-31所示。

图4-5-31

调整藏文背景元素并设置动画效果

17. 在"藏地密码c05"的时间线编辑区中双击"Layer 5 copy 2 comp"合成层，将其展开进入"Layer5copy2comp"的合成窗口时间线，把时间线光标调整至0帧处，按下快捷键【P】调出【Position】并将 ⏱ 关键帧记录器激活，调整"Layer 5 copy2"的【Position】数值为"891.0,161.0"，如图4－5－32所示。将时间光标移至"0:00:29:24"，调整"Layer 5 copy 2"的【Position】数值为"345.0,161.0"，如图4－5－33所示。

图4－5－32

图4－5－33

18. 在时间线编辑区上方点击Composition Mini-Flowchart ⏺️[13]会弹出一个迷你合成窗口流程图，向左点击头一个合成窗口名，返回到上一级合成窗口。如图4－5－34所示。

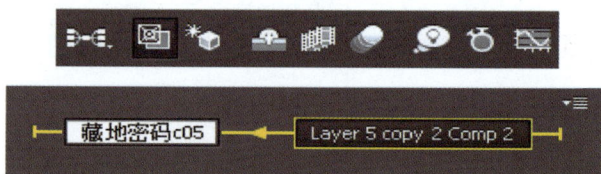

图4－5－34

19. 返回"藏地密码c05"合成窗口的时间线后，在编辑区找到"Layer 5 copy comp"合成层双击，将其展开进入"Layer 5 copy comp"的合成窗口时间线，把时间线光标调整至0帧处，按下快捷键【P】调出【Position】并将 ⏱ 关键帧记录器激活，调整"Layer 5 copy"的【Position】数值为"161.5.0, 855.0"，如图4－5－35所示。将时间光标移至"0:00:29:24"，调整"Layer 5 copy 2"的【Position】数值为"161.5, 152.0"，如图4－5－36所示。点击时间线编辑区上方 ⏺️ Composition Mini-Flowchart返回到上一级合成窗口。

图4－5－35

图4－5－36

20. 将Layer 15copy 3和图层Layer 5前的 ⏺️Solo-Hides all non-solo video激活，如图4－5－37所示。在预览窗口中观看效果，如图4－5－38所示。

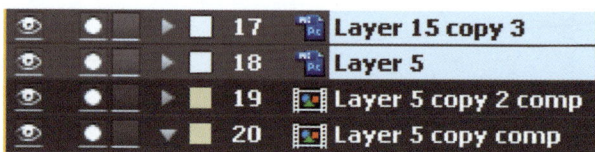

图4－5－37

148

开启前

开启后

图4-5-38

21. 分别选中图层Layer 15 copy 3和图层Layer 5，按下【P】键，再按住shift键后按【T】键，调整"Layer 15 copy 3"的【Position】位置参数为"412.6, 160.5, 500.0"，【Opacity】透明度数值为"28%"。调整"Layer 5"的【Position】位置参数为"628.2, 414.3, 832.0"，【Opacity】透明度数值为"24%"，如图4-5-39所示。在预览窗口中观看调整后的效果，如图4-5-40所示。

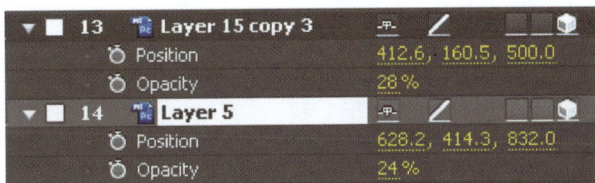

图4-5-39

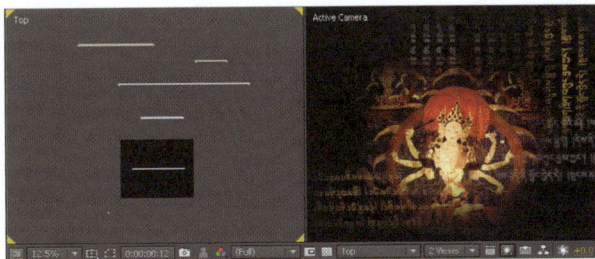

图4-5-40

22. 调整图层Layer 1位置并设置动画。在时间线编辑区中将时间线光标调整至0帧处，选择图层Layer 1，按下快捷键【P】调出【Position】，并且将关键帧记录器激活，调整Layer 1的【Position】位置参数为"375.0, 432.0, 0.0"，如图4-5-41所示。

在时间线编辑区中将时间光标移至"0:00:19:24"，调整Layer 1的【Position】位置参数为"375.0, 432.0, 280.0"，如图4-5-42所示。

图4-5-41

图4-5-42

设置摄像机动画效果

23. 给摄像机设置一个推镜头的动画。将时间线光标调整至0帧处，在【Transform】下，激活【Camera】的【Point of Interest】和【Position】关键帧记录器，设置【Point of Interest】为"172.1，295.5，−75.2"，设置【Position】为"172.1，295.5，−1169.2"。如图4−5−43所示。将时间光标移至"0:00:00:06"，设置【Point of Interest】为"360.0，319.6，0.0"，设置【Position】为"360.0，319.6，−1094.0"。如图4−5−44所示。

图4−5−43

图4−5−44

24. 更改合成窗口时间长度，选择【Composition】>【Composition Settings】命令，弹出【Composition Settings】对话框，设定【Duration】（时长）为15秒，单击【OK】按钮，如图4−5−45所示。

25. 最后将所有图层前的眼睛激活，并将 Solo−Hides all non−solo video关掉，如图4−5−46所示。点击数字键盘上的【0】键进行渲染，预览动画效果。如图4−5−47所示。按【Ctrl+S】组合键保存名为"C05"的项目工程文件。

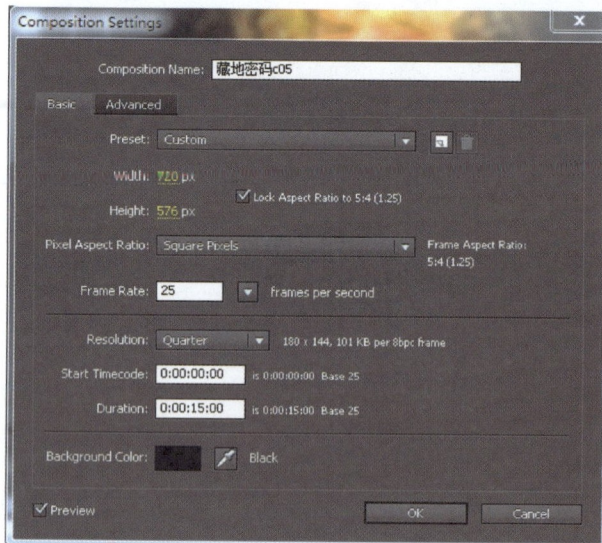

图4−5−45

图4−5−46

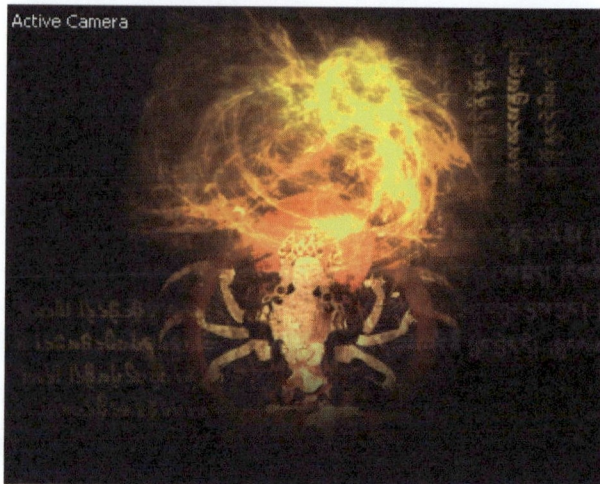

图4−5−47

150

4.6　模拟制作任务——《藏地密码》场景总合成

任务要求

　　通过后期软件的处理手段和技术方法，利用软件工具完成制作《藏地密码》五个场景镜头总合成。要求在镜头与镜头之间过渡自然，手法娴熟，要能够很好地完整表现出具有神秘的西藏传奇风格的片头。

任务参考效果图

能力目标

■　应用软件工具来完成片头《藏地密码》五个场景镜头总合成的设计与制作

新建工程导入五场镜头工程文件

01. 启动AE后，新建一个合成窗口，选择【Composition】>【New Composition】命令，弹出【Composition Settings】对话框，把【Composition Name】取名为"all Comp"，将【Width】调整为"720"，【Height】为"576"；再将【Pixel Aspect Ratio】设定为"D1/DV PAL (1.09)"；【Duration】（时长）设定为20秒，如图4-6-1所示，单击【OK】按钮，完成项目工程文件的设置。

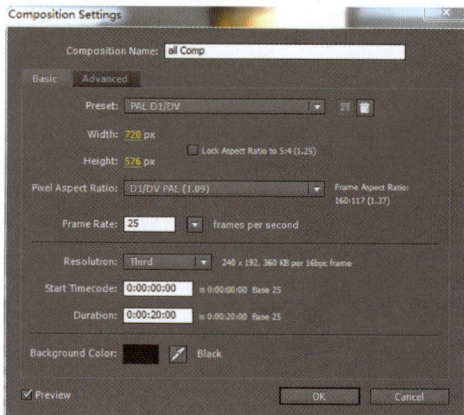

图4-6-1

02. 导入c01，c02，c03，c04，c05的工程文件。选择【File】>【Import】>【File】命令，弹出【Import File】（导入素材）对话框，选择"c01.aep"素材文件，单击【打开】按钮，如图4-6-2所示。如法炮制，分别导入c02.aep~c05.aep到素材管理区，如图4-6-3所示。

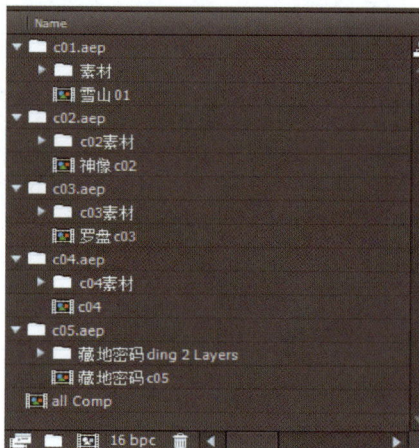

图4-6-2

图4-6-3

调整并设置各合成层

03. 在【Project】素材管理区中选中"雪山c01"，拖动到all Comp的合成窗口的时间线上，在时间线编辑区中，点击"雪山c01"合成层拖动鼠标，将"雪山c01"的开始端与时间线的零帧对齐，将时间线光标调整至"0:00:05:00"帧处，按【ALT+]】热键切除该层多余的时长，如图4-6-4所示。

图4-6-4

04. 在【Project】素材管理区中选中"神像c02"，拖动到all Comp的合成窗口的时间线上并置于"雪山c01"合成层的上方。将时间线光标调整至"0:00:01:15"帧处，点击"神像c02"合成层拖动鼠标，将开始端与之对齐，如图4-6-5所示。

图4-6-5

05. 选择"神像c02"，按【Ctrl+Alt+T】（热键）调出"Time Remap"，如图4-6-6所示。将时间线光标调整至"0:00:02:08"帧处，设置"Time Remap"的值为"0:00:00:18"，如图4-6-7所示。将时间线光标调整至"0:00:09:24"帧处，设置"Time Remap"的值为"0:00:10:00"，如图4-6-8所示。

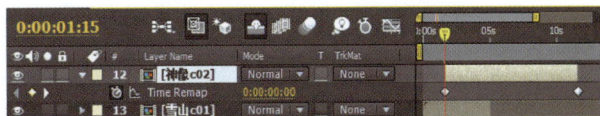
图4-6-6

图4-6-7

将时间线光标调整至"0:00:01:18"帧处，选择"神像c02"合成层，按下快捷键【T】，调出【Opacity】，将关键帧记录器激活，设置Opacity值为"0%"。将时间线光标调整至"0:00:02:18"帧处，设置Opacity值为"100%"，如图4-6-9所示。

图4-6-8

图4-6-9

06. 在【Project】素材管理区中选中"罗盘c03"，拖动到all Comp的合成窗口的时间线上并置于"神像c02"合成层的上方。将时间线光标调整至"0:00:04:17"帧处，点击"罗盘c03"合成层拖动鼠标，将开始端与之对齐，如图4-6-10所示。将时间线光标调整至"0:00:04:18"帧处，选择"罗盘c03"合成层，按下快捷键【T】，调出【Opacity】，将关键帧记录器激活，设置Opacity值为"0%"。将时间线光标调整至"0:00:04:24"帧处，设置Opacity值为"100%"，如图4-6-11所示。

图4-6-10

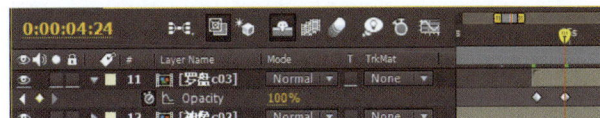
图4-6-11

07. 双击"罗盘c03"合成层进入"罗盘c03"合成窗口，选择Animation 01-[00116-00224].tga两层粒子素材，如图4-6-12所示。按【Ctrl+X】键剪切，在时间

图4-6-12

线编辑区上方点击 ▣◀█ 返回到上一级合成窗口，粘贴到all Comp合成窗口里。置于"罗盘c03"合成层的上方并与之开始端对齐，如图4-6-13所示。

图4-6-13

08. 在【project】素材管理区中选中"c04"，拖动到all Comp的合成窗口的时间线上，将时间线光标调整至"0:00:07:16"帧处，点击"c04"合成层拖动鼠标，将开始端与之对齐。将时间线光标调整至"0:00:07:19"帧处，按【ALT+[】热键切除开始端多余的部分，如图4-6-14所示。

图4-6-14

09. 双击"c04"合成层进入"c04"合成窗口，选择"c4 particle1"和"c4 particle02"两层粒子素材，如图4-6-15所示。按【Ctrl+X】键剪切，粘贴到all Comp合成窗口里，并与c04合成层的开始端对齐，如图4-6-16所示。

图4-6-15

10. 在【Project】素材管理区中选中"c05"，拖动到all Comp的合成窗口的时间线上，在时间线编辑区中，将时间线光标调整至"0:00:10:05"帧处，点击"c05"合成层拖动鼠标，将开始端与之对齐。并将"c05"合成层放到"c04"合成层与"c4 particle"粒子素材层之间，如图4-6-17所示。将时间线光标调整至"0:00:10:05"帧处，选择"c05"合成层，按下快捷键【T】，调出Opacity，将关键帧记录器激活，设置Opacity值为"0%"。将时间线光标调整至"0:00:10:11"帧处，设置Opacity值为"100%"，如图4-6-18所示。

图4-6-16

图4-6-17

图4-6-18

154

11. 在【Project】素材管理区中选中"烟雾文字"，拖动到all Comp的合成窗口的时间线的最顶层，调整好图层的位置，按下按键【P】，再按住【Shift】键后按【S】，调整"烟雾文字"合成层的【position】参数为"362.0，205.0"，【Scale】参数为"88%，88%"。在预览窗中观看效果，如图4-6-19所示。

图4-6-19

12. 在时间线编辑区中，将开始端与时间线的零帧对齐。将时间线光标调整至"0:00:02:11"帧处，按【ALT+[】热键切除开始端多余的部分，如图4-6-20所示。

图4-6-20

13. 选择"烟雾文字"按【Ctrl+Alt+T】、（热键）调出"Time Remap"，如图4-6-21所示。将时间线光标调整至"0:00:02:11"帧处，设置Time Remap的值为"0:00:04:07"，将时间线光标调整至"0:00:04:07"帧处，设置Time Remap的值为"0:00:02:11"，并删除首尾关键帧，如图4-6-22所示。

图4-6-21

图4-6-22

将时间线光标调整至"0:00:11:00"帧处，点击"烟雾文字"合成层拖动鼠标，将开始端与之对齐。选择"烟雾文字"合成层，按下快捷键【T】，调出【Opacity】，将关键帧记录器激活，设置Opacity值为"0%"。将时间线光标调整至"0:00:11:17"帧处，设置Opacity值为"100%"，如图4-6-23所示。

图4-6-23

14. 双击"c05"合成层进入"c05"合成窗口，选择"Layer 12 copy"图层素材，如图4-6-24所示。按【Ctrl+X】键剪切，粘贴到all Comp合成窗口里。调整好图层的位置，按下【P】键，再按住【Shift】键后按【S】，调整"Layer 12 copy"图层的【Position】参数为"365.5，183.5"，"Layer 12 copy"图层的【Scale】参数为"83%，83%"。在预览窗中观看效果，如图4-6-25所示。

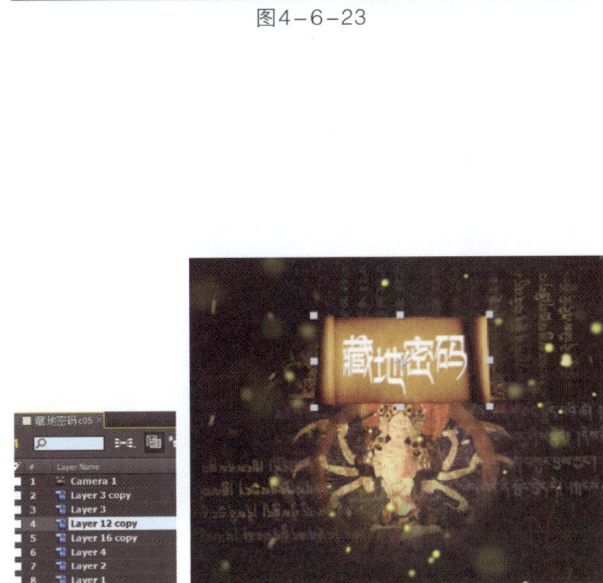
图4-6-24

图4-6-25

155

15. 在时间线编辑区中，将时间线光标调整至"0:00:14:01"帧处，点击"Layer 12 copy"合成层拖动鼠标，将开始端与之对齐。如图4-6-26所示。选择"Layer 12 copy"图层，按下快捷键【T】，调出【Opacity】，将关键帧记录器激活，设置Opacity值为"0%"。将时间线光标调整至"0:00:15:00"帧处，设置Opacity值为"100%"，如图4-6-27所示。

图4-6-26

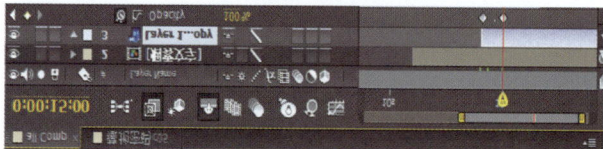

图4-6-27

创建镜头光晕效果并设定关键帧动画

16. 新建一个新的黑色固态层，选择【Layor】>【Now】>【Solid】命令，弹出【Solid Settings】(固态层设置)对话框，设定名称为"Light Factory EZ"，然后点击【Make Comp Size】，设定【color】颜色为黑色，单击【OK】按钮。然后将"Light Factory EZ"拖动到时间线的最顶层，如图4-6-28所示。

图4-6-28

17. 给新建的"Light Factory EZ"固态层添加一个Light Factory EZ特效。选择"Light Factory EZ"层，点击【Effect】>【Knoll Light Factory】>【Light Factory EZ】命令，在特效编辑区调整【Light Factory EZ】的参数，将耀斑种类【Flare Type】改为"Chroma Lens2"，调节【Angle】为"0x+59.0°"，调节【Light Source Location】为"544.4,150.6"，如图4-6-29所示。在预览窗中观看效果,如图4-6-30所示。

图4-6-28

图4-6-30

18. 给镜头光晕做一个从左至右的运动动画。将时间线光标调整至"0:00:12:20"，在特效编辑区设置插件的动画效果，将【Light Source Location】前的关键帧记录器将其激活，在时间线编辑区中将时间光标移至"0:00:14:06"，返回特效编辑区，设置【Light Source Location】参数为"601.4，150.5"。在时间线编辑区中将时间光标移至"0:00:22:02"，设置【Light Source Location】参数为"910.5，160.4"。

在时间线编辑区中，修改"Light Factory EZ"的叠加模式为"Add"，将时间线光标调整至"0:00:13:24"，选择"Light Factory EZ"固态层，按下快捷键【T】，调出【Opacity】，将关键帧记录器激活，设置Opacity值为"0%"。将时间线光标调整至"0:00:14:10"帧处，设置Opacity值为"100%"，如图4-6-31所示。

图4-6-31

导入音频到合成窗口

19. 导入"藏地密码.wav"音频文件[14]。选择【File】>【Import】>【File】命令，弹出【Import File】（导入素材）对话框，选择"藏地密码.wav"音频素材文件，单击【打开】按钮完成音频素材的导入。在【Project】素材管理区中选中"藏地密码.wav"，拖动到all Comp的合成窗口的时间线的最底层，并与零帧对齐。如图4-6-32所示。

图4-6-32

创建渲染并设置输出

21. 在时间线编辑区中，将时间线光标调整至"0:00:16:00"，按下快捷键【N】，设定时间工作区域的出点，选择【Composition】>【Make Movie】命令，弹出【Render Queue】对话框，如图4-6-33所示。点击【Output Module】旁的"Lossless"，弹出【Output Module Settings】设置框，勾选Audio Output，点【OK】，如图4-6-34所示。点击【Output To】，弹出【Output Movie To】设置框，确定最终输出视频的文件名和保存路径，点保存完成设置。

22. 按【Ctrl+S】组合键保存名为"all Comp"的项目工程文件。最后点【Render Queue】对话框中的Render渲染完成文件输出。到此整个片头项目制作完毕。

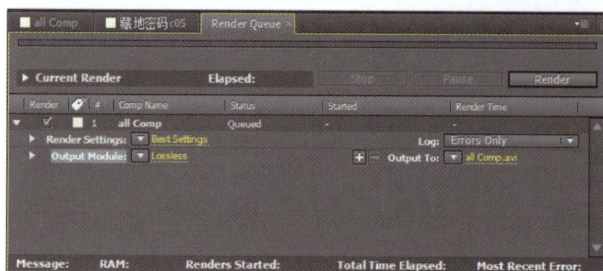

图4-6-33

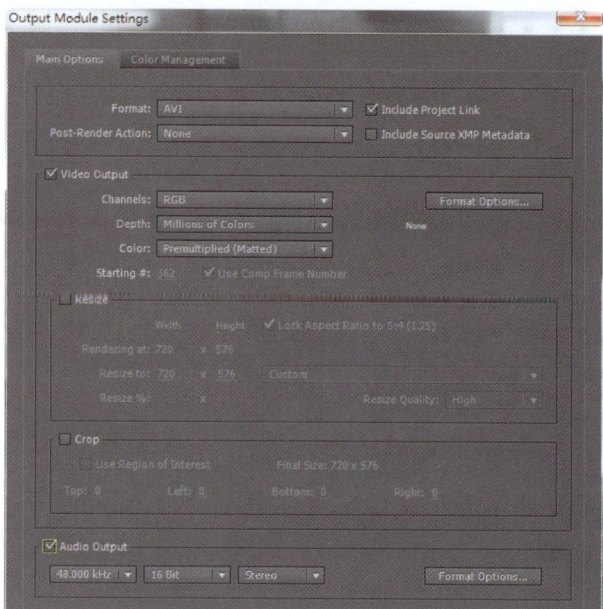

图4-6-34

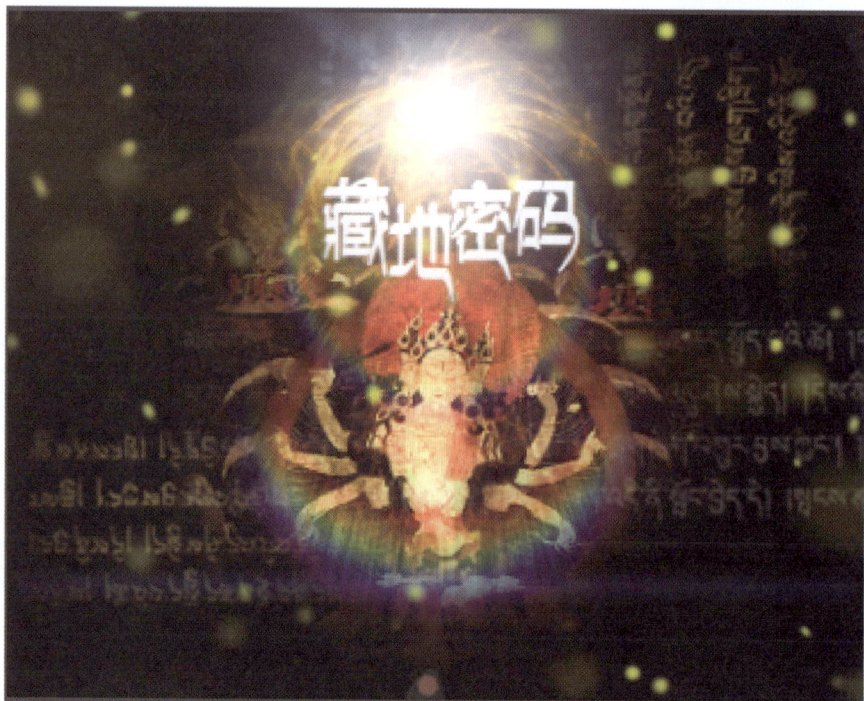

图4-6-35

4.7 知识拓展点

① 【Ramp】特效

是渐变颜色特效，施加这个效果到固态层，会产生颜色的渐变，就是一种颜色到另一种颜色的过渡[①]。

【Start of Ramp】：渐变起始点。

【Start Color】：渐变起始颜色。

【End of Ramp】：渐变结束点。

【End of Color】：渐变结束颜色。

【Ramp Shape】：渐变样式，单击旁边的按钮弹出选择菜单。

【Linear Ramp】：线性渐变。

【Radial Ramp】：横向渐变。如图4-7-1所示。

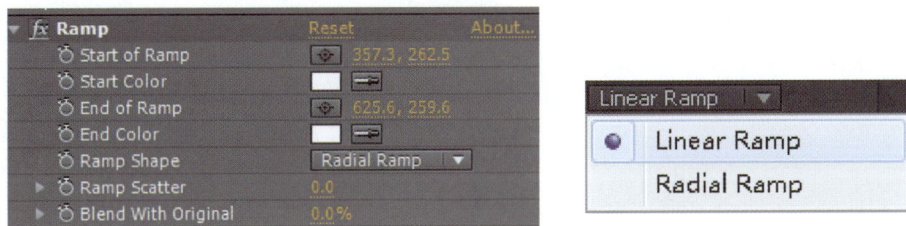

图4-7-1

☆技巧

①Ramp 的起始和结束位置是固定的，当图层移动的时候，颜色不会跟随着移动。简单的方式是把 Start of Ramp 和图层的 Position相关联，把 End of Ramp 设置为Position 图层高度。

② 【Light factory】效果应用

（1）【Light Factory】效果简介

Knoll Light Factory（灯光工厂"）插件是Red Giant公司出品的一款非常经典的用来制作光源光效的插件。我们在使用此款插件时可以实时预览制作的光效，还可以将我们自己制作得满意的效果存储起来，下次直接调用即可，使用起来非常方便。

（2）【Light Factory】的安装

双击下载的Light Factory插件的安装程序进行安装，在安装目录地址一栏中选择C:\Program Files\Adobe\Adobe After Effects CS5\Support Files\Plug-ins在安装时先选择试用，安装好后打开AE，在建立合成于固态层后加入【Light Factory】特效，预览窗口会有红叉出现，再点击【Light Factory】上的选项，输入注册码：9248-3000-2939-3565-1044，输入注册码后，最后点击【Done】即激活成功[②]。

☆经验

②CS4建议换32位系统，避免诸多错误。

159

（3）【Light Factory】预制特效

在【Light Factory】特效控制栏中，点击【Options...】选项，打开预制特效面板。选择预制动画文件，双击将预制效果赋予特效层，如图4-7-2所示。在预览窗口中观看添加"Light Factory"预制动画后的效果，如图4-7-3所示。

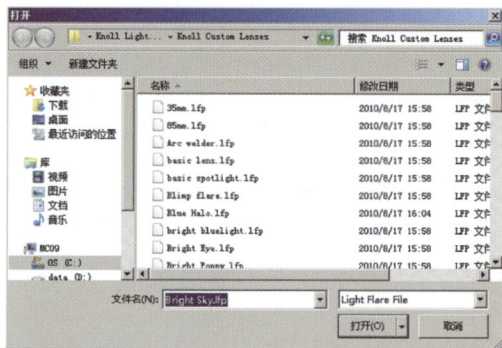
图4-7-2

图4-7-3

☆经验

③把暗部和亮部分离成Alpha透明度。

【Brightness】：明亮度设置。

【Scale】：比例设置。

【Light Source Location】：光源位置设置。

【Color】：颜色设置。

【Angle】：角度设置。

【Location layer】：光源层设置。

【Obscuration layer】：遮盖设置。

【Obscuration Type】：遮盖类型。

【Source size】：光源尺寸。

【UnMult③】：UnMult设置。

【GPU】GPU设置。如图4-7-4所示。

图4-7-4

③ 【len s flare】特效

【Lens Flare】：特效为镜头光晕。

【Flare Center】：光晕中心点设置。

【Flare Brightness】：亮度设置。

【Lens Type】：镜头光晕类型设置。

【Blend With Original】：与合成层融合程度设置。如图4-7-5所示。

【Levels (Individual Controls)】：色阶（独立控制）。

【Channel】：控制颜色。如图4-7-6所示。

图4-7-5

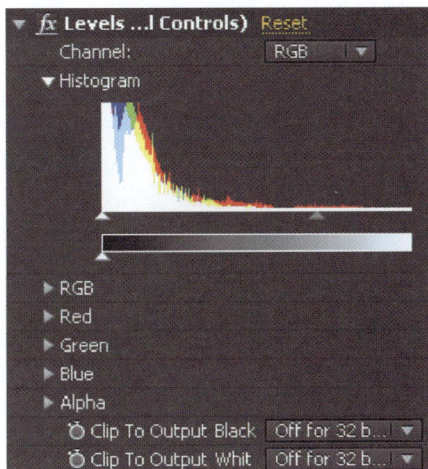

图4-7-6

④ 【Hue/saturation】特效

【Hue/Saturation】：色相与饱和度设置。

【Channel Range】：显示颜色映射的谱线，用于控制通道范围。上面的谱线表示调节前的颜色；下面的谱线表示在全饱和度下调整后所对应的颜色。

【Master Hue】：调整主色调，取值范围-180度～+180度。

【Master Saturation】：调整主饱和度。

【Master Lightness】：调整主亮度。

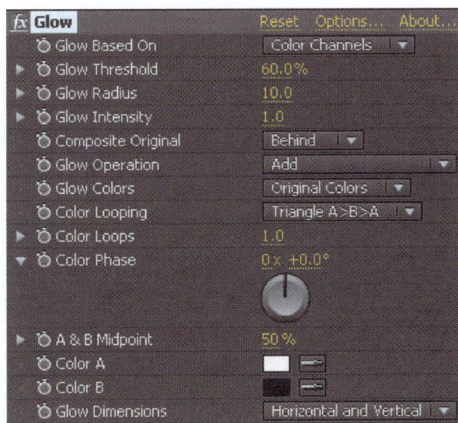

图4-7-7

【Colorize】：调整图像为一个色调值。

【Colorize Hue】：调整双色图色相。

【Colorize Saturation】：调整双色图饱和度。

【Colorize Lightness】：调整双色图亮度。如图4-7-7所示。

⑤ 【Glow】特效

选择【Effects】>【Stylize】>【Glow】④命令，在特效面板中可以调整【Glow】参数值设置辉光的效果，如图4-7-8所示。

【Glow】特效在工作中常用到的参数包括：

【Glow Based On】为辉光的大小。

【Glow Radius】为辉光辐射扩散大小，数值越高扩散面积越大，反之范围越小。

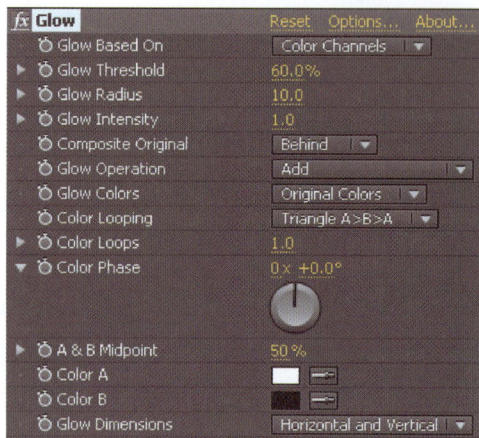

图4-7-8

【Glow Intensity】为辉光的强度，数值越大辉光越亮。

【Glow Operation】为辉光叠加模式，与层叠加模式相同。

【Glow Colors】为辉光模式，其中【Original Colors】为默认效果，【A & B Colors】⑤为指定色彩模式。

【Color Phase】为两个色彩辉光发散角度设定。

【Glow Dimensions】为辉光的形式，单击旁边的按钮弹出选择菜单，【Horizontal and Vertical】为横向加纵向模糊，【Horizontal】为横向辉光模糊，【Vertical】为纵向辉光模糊⑥。如图4-7-9所示。

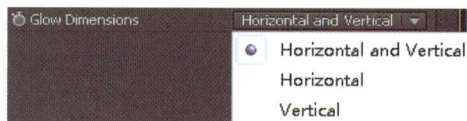

图4-7-9

⑥ 【Camera Settings】对话框

在After Effects中，我们常常需要运用一个或多个摄像机来创造空间场景、观看合成空间，摄像机工具不仅可以模拟真实摄像机的光学特性，更能超越真实摄像机在三脚架、重力等条件的制约，在空间中任意移动。下面我们就来介绍一下摄像机的创建和设置。

选择菜单【Layer】>【New】>【Camera】，或者按快捷键【Ctrl+Shift+Alt+C】，即可打开一个摄像机参数设置对话框，如图4-7-10所示⑦。

【Name】：为摄像机命名。

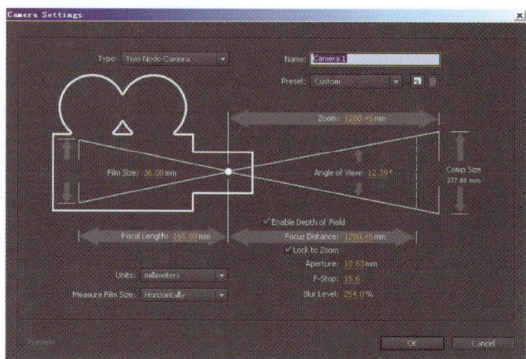

图4-7-10

【Preset】：摄像机预置，在这个下拉菜单里提供了九种常见的摄像机镜头，包括标准的35mm镜头、15mm广角镜头、200mm长焦镜头、以及自定义镜头等。35mm标准镜头的视角类似于人眼。15mm广角镜头有极大的视野范围，类似于鹰眼观察空间，由于视野范围极大看到的空间很广阔，但是会产生空间透视变形。200mm长镜头可以将远处的对象拉近，视野范围也随之减少，只能观察到较小的空间，但是几乎没有变形的情况出现。如图4-7-10所示。

【Units】：通过此下拉框选择参数单位，包括：pixel（像素）、inches（英寸）、millimeters（毫米）三个选项。

【Measure Film Size】：可改变Film Size（胶片尺寸）的基准方向，包括：Horizontally（水平）方向、Vertically（垂直）方向和Diagonally（对角线）方向三个选项。

【Zoom】：设置摄像机到图像之间的距离。Zoom的值越大，通过摄像机显示的图层大小就越大，视野范围也越小。

【Angle of View】：视角位置。角度越大，视野越宽；角度越小，视角越窄。

【Film Size】：胶片尺寸。指的是通过镜头看到的图像实际的大小。值越大，视野越大；值越小，视野越小。

【Focal Length】：焦距设置，指胶片与镜头距离。焦距短产生广角效果，焦距长产生长焦效果。

【Enable Depth of Field】：是否启用景深功能[8]，配合【Focus Distance】（焦点距离）、【Aperture】（光圈）、【F-Stop】（快门速度）和【Blur Level】（模糊程度）参数来使用。

创建完成摄像机以后，在时间线上展开Camera Options（摄像机参数设置对话框），如图4-7-11所示[9]。

【Focus Distance】：焦点距离。确定从摄像机开始到图像最清晰位置的距离。

【Aperture】：光圈大小。在AE里，光圈与曝光没关系，仅影响景深，值越大，前后图像清晰范围就越小。

【F-Stop】：快门速度。与光圈相互影响控制景深。

【Blur Level】：控制景深模糊程度。值越大越模糊。

【Point of Interest】为摄像机中心点，相当于摄像机的指向，按【Ctrl+Alt+O】键弹出设置栏。如图4-7-12所示。

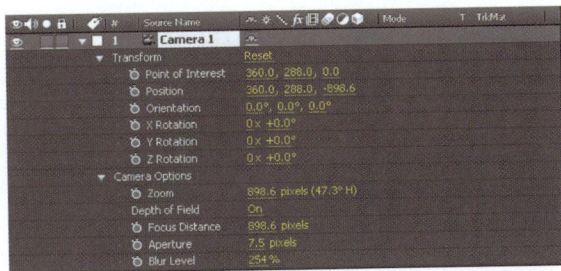

图4-7-11

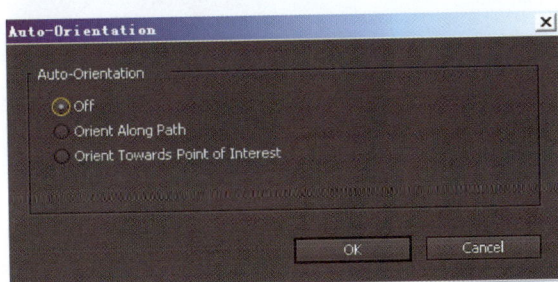

图4-7-12

☆经验

⑦摄像机camera、灯光light在普通情况（不打开图层的3D属性）下没有效果，只有在打开图层3D属性或某些3D特效（如Form特效）时才能起作用，可使多个图层（图片在z轴的不同位置）产生透视和景深效果，并且还可以支持灯光、材质、投影/阴影等，某些情况下可以用二维图片做出逼真的三维场景

☆经验

⑧camera与3D space是分不开的，透视perspective（近大远小，近实远虚，近高远低）和景深depth of field是3D space很重要的两个因素。

☆注意

⑨camera帧率可变的话其实也是在某几个固定值之间变动的。
另外曝光时间的单位其实是以行为单位，采用连续曝光的方式输出数据的，也就是设置曝光时间与实际帧率输出没有必然的直接联系。

这个是关于摄像机关键点的指向问题，选择"Off"和选择"Orient Along Path"效果没有区别意思就是不进行自动定向。这样我们的摄像机，就可以像真实的相机那样移动，镜头指到什么地方就照射什么地方，选择这个选项后Point of Interest将不能做关键帧，这个知识点需要自己多去尝试，通过尝试来加深理解，如果我们选择"Orient Towards Point of Interest"的话，自动定向被打开，也就是说我们可以对Point of Interest做关键帧了。按【C】键可以切换各种控制方式。

选择【Unified Camera Tool】的时候，鼠标左键可以变成【Orbit Camera Tool】，鼠标右键变成【Track Z Camera Tool】，鼠标中键为【Track Camera Tool】。可以用这三个键来控制摄像机的水平和上下移动，旋转，放大、缩小等运动，如果你设置了关键帧就可以控制他们的移动。【Orbit Camera Tool】为摄像机轨道控制工具，它可以控制摄像机沿一个轨道运动；【Track Camera Tool】可以控制摄像机的平移；【Track Z Camera Tool】可以控制摄像机镜头的放大和缩小。如图4-7-13所示。

图4-7-13

默认下的摄像机是打开Point of Interest的，这时候我们要平移摄像机需要用到控制工具，就会显得很复杂，那么就新建一个Null，也就是新建一个空白层，如图4-7-14所示。然后设置摄像机的父层为Null层，设置方法如下：打开Null的3D开关，能够对摄像机进行控制，包括旋转、放大、缩小、平移等，在设置这些参数后打上关键帧，就能制作出所需要的效果，如图4-7-15所示。

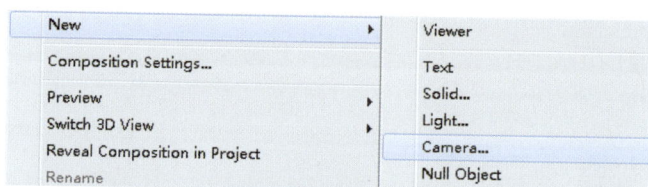

图4-7-14

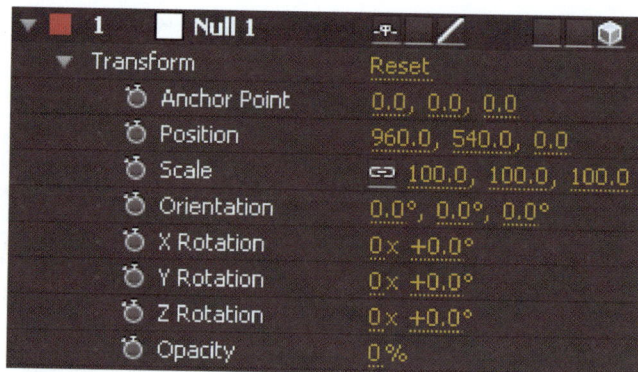

图4-7-15

⑦ 合成窗口预览区视图

如图4-7-16所示，在合成窗口预览区下方：

Always Preview This View ▣：总是显示这个预览窗口。

Magnification ratio popup [50% ▼]（缩放比例选项）：可以在此选择合成窗口显示区大小的百分比，系统提供了13个比例，默认是 100%。

Choose grid and guide options ▦：选择安全框引导选项。

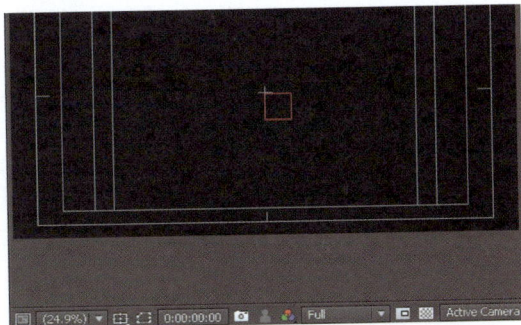

图4-7-16

Toggle Mask and Shape Path Visibility ▣（遮罩显示切换开关）：点击按钮可以显示或隐藏Mask（遮罩）。

Current Time (Click to edit) [0:00:19:18]（当前时间）：显示合成窗口当前时间或改动时间，该项以"时：分：秒：Frame（帧）"显示。如果想改动时间，可以点击此项，在弹出的对话框中输入即可。

Take Snapshot ▣（快照效果）：点击此图标会发出拍照的声音，将合成图像的现状拍摄并在编辑过程中可以通过（▣）显示快照按钮，比较或参考快照的内容，对当前的合成窗口内容判断。⑩

Show Snapshot ▣（显示快照）：拍照之前此图标不能使用，只有在使用快照效果拍摄之后才可以使用此按钮显示快照内容。

Resolution/Down Sample Factor Popup [Full ▼]：分辨率设置。

Region of Interest ▣（定制区域显示）：激活这个按钮后，可以在合成图像窗口中定义一个矩形区域，视图中只会显示矩形内的画面内容，这也是提高编辑速度的有效手段。

Toggle Transparency Grid ▦（透明区域网格显示切换）：激活这个按钮后，可以将缺省的黑色背景显示为透明网格状态。

3D View Popup [Active Camera ▼]（视图切换选项）：合成图像中必须有三维属性的图层，才可以选择选择这个按钮进行视图切换。Active Camera（摄像机）、Top（顶视图）、Bottom（底视图）、Front（前视图）、Bask（后视图）、Left（左视图）和 Right（右视图）等视图。

Select View Layou [1 View]（多视图切换选项）：激活这个按钮后，可以根据需要在合成窗口中显示多个预览窗口。

☆ 注意

⑩ 快照只能作为内容参考，并没有任何编辑作用。Show Channel and Color Management Settings ▣：图标上依次代表着图像的红、绿、蓝和 Alpha 通道。可以检索图像的各个通道。并且可以配合 Shift 键点击显示通道图标，能直接观察带有色彩的画面内容。

⑧ 设置父子层级关系

（1）通过菜单命令设定父层

除使用按钮指定父层这种方法，还可以在时间线编辑区中选择【Parent】一栏下拉菜单中的选项作为父层。选中图层⑪后，单击该层的【Parent】一栏下的三角按钮弹出快捷菜单，如图4-7-17所示。

图4-7-17

（2）同时设定多个子层

按住【Ctrl】键，分别单击时间线编辑区中的不同图层，选择需要被设定为子层的图层，单击任意被选中图层【Parent】的下拉菜单项都可以同时指定被选层的父层，如图4-7-18所示。

图4-7-18

在父子层关系中，对父层的任何属性编辑都会影响到子层⑫，而对子层的属性编辑不会影响到父层，父层只能有一个但是子层可以有多个。

⑨ Form粒子效果应用

（1）Form 简介

Form插件是Trapcode公司发布的基于网格的三维粒子插件，它可以用来制作复杂的有机图案、复杂的几何学结构和涡线动画。将其他层作为贴图，使用不同参数，可以进行无止境的独特设计。

（2）Form 安装

双击你下载的Form插件的安装程序进行安装，在安装目录地址一栏中选择C:\Program Files\Adobe\Adobe After Effects CS3\Support Files\Plug-ins⑬，在安装时先选择试用，安装好后打开AE，在建立合成于固态层后加入Form粒子，界面会有一个红色的叉，然后点击Form上的选项，输入注册码即可，注册码根据Form插件版本的不同而不同，我们可以在网上找输入适合的注册码后，只要界面没有红叉就行了。

（3）Form预制特效

在时间线编辑区中，选择Form层，点击菜单栏进入【Animation】>【Browse Presets】命令，如图4-7-19所示。稍等片刻会弹出Adobe Bridge,如图4-7-20所示。进入【Trapcode Form】>【Trapcode SD Pre】文件夹，选择"Fade Up Characters.ffx"文件，双击将预制效果赋予

166

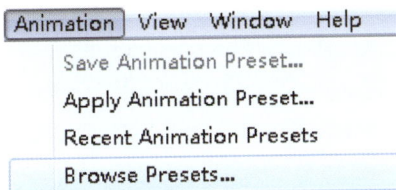
图4-7-19

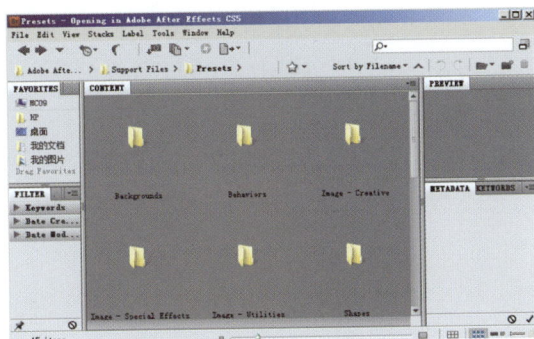
图4-7-20

"有名曰水……"字幕层。在预览窗口中观看添加"Form"预制动画后的效果，如图4-7-21所示[14]。

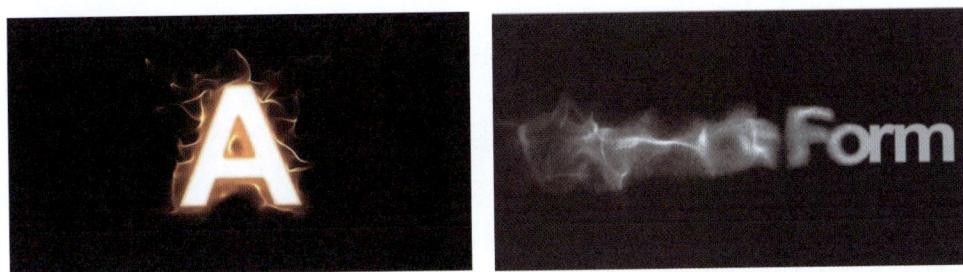
图4-7-21

(4) Form相关参数设置介绍

如图4-7-22所示，

【Register】：为激活设置，一般安装时已激活。

【Base Form】：为【Form】基础设置。

展开设置栏，

【Base Form】的初始粒子形状设置如下：

【Box - Grid】为盒状网格粒子。

【Box - Strings】：盒状线性粒子。

【Sphere - Layered】：为球状分层粒子，如图4-7-23所示。

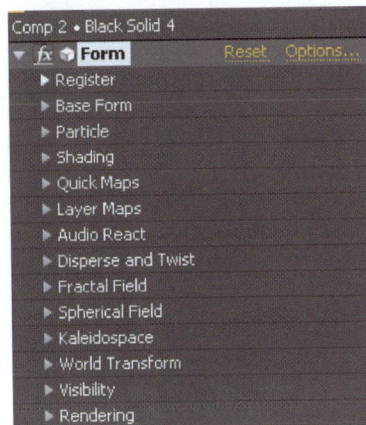
图4-7-22

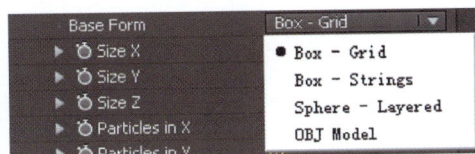
图4-7-23

☆经验

[14]form的另外用途同样建立在善于塑性的基础上，可以创建出一些粒子平面，粒子球，诸如此类，同样效果不错，而且不用太多粒子。

167

【Size X】：为X轴粒子尺寸；【Size Y】：为Y轴粒子尺寸；【Size Z】为Y轴粒子尺寸。【Particles in X】：为X轴中的粒子数量；【Particles in Y】：为Y轴中的粒子数量；【Particles in Z】：为Z轴中的粒子数量。

【Center XY】：为XY轴中粒子中心点设置；【Center Z】：为Z轴中粒子中心点设置。【X Rotation】：为X轴旋转；【Y Rotation】：为Y轴旋转；【Z Rotation】：为Z轴旋转。【String Settings】：为线性粒子设置，只有在选择线性粒子时才能使用，如图4-7-24所示⑮。

【Particle】为粒子设置，【Particle Type】为粒子类型设置，【Sphere Feather】为羽化范围，【Texture】为粒子结构设置，【Rotation】为旋转设置，【Size】粒子尺寸，【Size Random】为随机尺寸，【Opacity】为透明度设置，【Opacity Random】为随机透明度，【Color】为粒子颜色设置，【Glow】为白光设置。如图4-7-25所示。

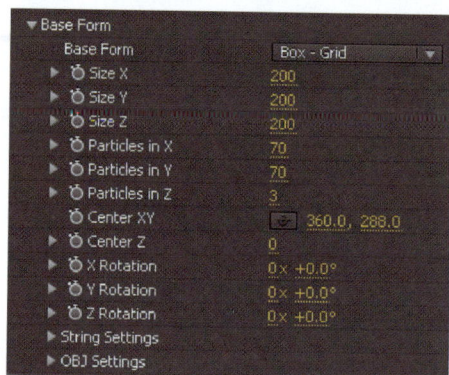

图4-7-24

图4-7-25

⑩ 【Levels（Individual Controls）】特效

Levels主要用于基本的影像质量调整，效果控制参数，如图4-7-26所示。

Levels参数中，Channel用于选择要进行调控的通道⑯，可以选择RGB彩色通道、Red红色通道、Green绿色通道、Blue蓝色通道和Alpha透明通道分别进行调控。

图4-7-26

【InPut Black】：输入黑色，用于限定输入图像黑色值的阈值。

【InPut White】：输入白色，用于限定输入图像白色值的阈值。

【Gamma】：用于设置Gamma值，调整输入输出对比度。

【Output Black】：输出黑色，用于限定输出图像黑色值的阈值。

【output White】：输出白色，用于限定输出图像白色值的阈值。

【Clip To Output Black】：输出是否带黑色通道

【Clip To Output White】：输出是否带白色通道

（RGB，Red，Green， Blue，Alpha中每个颜色设置选项各不相同，故不另作说明）

⑪ Solo-Hides all non-solo video应用

在控制面板区域，点击【Solo-Hides all non-Solo Video 】下的图标 ，如图4-7-27所示。选择该项后，合成图像窗口中仅显示当前层。但如果同时有多个层时，打开独奏开关，合成图像会显示所有打开独奏开关的层。

图4-7-27

⑫ 创建预置合成层

点击【Pre-compose】命令，弹出【Pre-compose】对话框[17]，可以把被选中的图层合并成一个新的Comp文件[18]，如图4-7-28所示。

合并为新项目工程文件，可以选择合并多个图层，也可以选择合并单个图层。在【Pre-compose】对话框中【Leave all Attributes in "004H定版-720"】

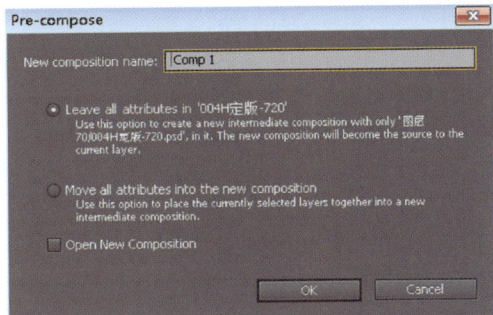

图4-7-28

是指不合并层文件的特效或动画，而【Move all Attributes into the New Composition】是指合并层文件所有特效或动画。选中【Open New Composition】复选框则直接打开新合并的项目工程文件。

⑬ Composition Mini-Flowchart迷你合成窗口流程图

当项目较为庞大时，素材文件寻找起来十分困难，同样对于复杂的合成项目文件，相互之间的父子关系观察起来也十分头疼，这在实际工作中会经常碰到，例如，在对几个素材做同时操作时，不得不将这些素材进行合成，也就是打包在一起进行编辑，不知不觉地，素材之间相互的嵌套关系变得异常复杂，After Effects CS5提供了Composition Navigator（迷你合成）。

第一个就是Composition Navigator。沿着合成面板的顶部，你可以看到一串合成名字，包括你当前选定合成，另一个则是指向当前合成的合成（如果当前合成还嵌套了多个合成的话，那么它就是最近所使用过的被嵌套合成或是所谓的"最重要"的合成）。当遇到的是一个非常复杂的层次较多的工程，例如"A被B嵌套，而B又被C嵌套"，那该怎么办呢？OK，点击Comp

☆技巧

[17]合并为新的项目工程文件的快捷键为【Ctrl+Shift+C】。

☆经验

[18]合并后产生的"Comp"中包含了原有图层，在时间线编辑区或【Project】中双击该文件，打开项目文件工程，在其层编辑区内包含着被合并的图层。

169

Navigator中当前合成名右边的箭头或是Shift+点击合成名，一个弹出式的
Mini-Flowchart 工具出现了。它详细地用图表显示了整串合成，例如有三
个合成被一个"Master Composite"的当前合成所嵌套了，它们被反向的箭
头所连接，而最左边的三个则是三种输出方式的选择（SD，HD，WEB）。有
了这样一个工具，合成之间的复杂关系你就可以很容易地看清，而且，还能在
它们之间快速跳转。

⑭ 导入音频

（1）AE能导入的常见音频格式

常见音频格式有：AAC、AU、AIFF、WMV、MP3。

（2）AE导入音频方法

选择【File】>【Import】>【File】命令选择需要导入的音乐，点击
【OK】完成导入，如图4 7-29所示。

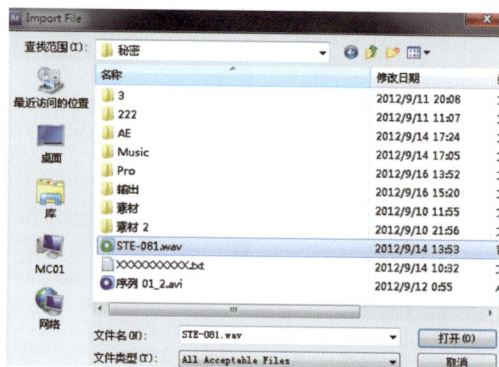

图4-7-29